Grazer Vorlesungen zur Kunst des Schreibens (Band 1)

Hg.: Franz-Nabl-Institut für Literaturforschung
und Literaturhaus Graz in Kooperation mit dem
Institut für Germanistik der Universität Graz

Redaktion:
Günther A. Höfler, Klaus Kastberger,
Anne-Kathrin Reulecke, Robert Vellusig

Daniela Strigl, geboren 1964 in Wien. Literaturwissenschaftlerin, Kritikerin, Essayistin (F.A.Z., Falter, Der Standard, Die Furche, Die Zeit u.a.). 2003–2009, 2011–2014 Mitglied der Jury des Ingeborg Bachmann Preises (Klagenfurt). 2009 Mitglied der Jury des Deutschen Buchpreises sowie 2013–2015 des Preises der Leipziger Buchmesse. 2005 Scholar in Residence an der Rutgers University, NJ, seit 2007 Lehrtätigkeit am Institut für Germanistik der Universität Wien. Österreichischer Staatspreis für Literaturkritik 2001, Max Kade Essaypreis 2007, Alfred Kerr Preis 2013. Berliner Preis für Literaturkritik 2015.
Zuletzt erschien *»Berühmtsein ist nichts«. Marie von Ebner-Eschenbach. Eine Biographie* (2016).

Daniela Strigl

ALLES MUSS MAN SELBER MACHEN

Biographie, Kritik, Essay

Literaturverlag Droschl

I
BIOGRAPHIE

Abgeschrieben kann das Leben nie werden, dazu ist es zu reich.
Marie von Ebner-Eschenbach

Was ist denn von außen her über ein Leben zu sagen! Gar nichts.
Christian Morgenstern

Was ich hier tue, kostet mich Überwindung. Ich bin es nicht gewohnt, über mich zu sprechen, statt über eine Sache, die meistens die der Literatur ist. Ich bin es gewohnt, über die Kunst des Schreibens zu schreiben und zu reden, aber nicht über mein eigenes Schreiben und schon gar nicht als eine Kunst. Dazu fällt mir ein Aphorismus von Ebner-Eschenbach ein (und ich muss Sie gleich warnen: mir fällt zu praktisch allen Aspekten des Lebens ein Aphorismus von Ebner-Eschenbach ein): »Die Bescheidenheit kriecht aus demselben Loch wie die Eitelkeit.« Ich bin also auf der Hut.

In meinen Vorlesungen zur Kunst des Schreibens stelle ich mir und Ihnen die Frage, ob das überhaupt geht: aus der eigenen Praxis eine Poetik zu destillieren. Kunst ist ein großes Wort, und jeder, der schreibt, weiß, dass Schreiben zunächst und buchstäblich eine Sache des Handwerks ist, und wenn man hauptberuflich schreibt, ist die Grenze zur Industrie fließend. Weil aber das griechische »poiein« »machen« heißt, ergibt sich doch ganz von selbst eine Verbindung zwischen dem Handwerk und der Kunst, der Poetik und der Poesie, ohne deren Salzkörnlein das viele Brot nicht genießbar wäre, das uns Lesern so aufgetischt wird. Andererseits bedeutet das griechische ἡ τέχνη, die Kunst, auch Kunstfertigkeit, Technik. H. C. Artmann hat seine höchst poetischen Handwerker-Vignetten *Fleiß und Industrie* genannt, was ja dasselbe ist. »Industria«, lateinisch, heißt Fleiß. So spreche ich über die Wühlarbeit, aber auch über die Kühnheit, derer es bedarf, um die Geschichte eines fremden Lebens zu erzählen: Nicht ohne Grund gilt die Biographie in der Literaturwissenschaft von heute als prekäres, wenn nicht gar anrüchiges Genre. Aber das Erzählen ist dem Menschen mit allen Ruten der Dekonstruktion nicht auszutreiben und hat, so denke ich, seine Berechtigung, sofern es nicht den Anspruch auf *die* Wahrheit erhebt.

1. Am Anfang: Persönliches

Ehrlich gesagt bin ich da hineingerutscht. Ich wollte eigentlich nie eine Biographie schreiben. Meine erste über die österreichische Nachkriegsautorin Marlen Haushofer (1920–1970) war so etwas wie eine Hausaufgabe meines Doktorvaters und Mentors Wendelin Schmidt-Dengler. Der Zsolnay Verlag, in dem Haushofers erste beiden Romane erschienen waren, suchte jemand, der rechtzeitig zum 80. Geburtstag der Autorin eine Biographie zustande bringen sollte. Auf meinen Einwand, ich sei da nicht die Richtige, ich würde nur Haushofers berühmtesten Roman *Die Wand* kennen und einige ihrer Kinderbücher, meinte Schmidt-Dengler ungerührt, die Lektüre der übrigen Werke sei ja leicht in einer Woche zu bewältigen. Und außerdem sei die Haushofer nicht einmal fünfzig geworden, das müsse also kein dickes Buch werden.
Als die Biographie im Jahr 2000 dann pünktlich zu Haushofers Achtzigstem erschien, hatte ich mir geschworen, mir

so etwas nie wieder anzutun; und wenn doch, denn man soll niemals nie sagen, dann würde ich nur über Barockautoren schreiben, deren Nachfahren und Erben längst selbst im Dunkel der Geschichte verschwunden waren. Im Falle der Haushoferschen Familie war ich zu nah dran an allem und allen gewesen, hatte in mancher Hinsicht über die Verstorbene bald mehr gewusst als ihre Angehörigen. Marlen Haushofer hat ihr Lebtag eine gründliche Geheimniskrämerei betrieben, und der Hang dazu war den Ihren geblieben. Ihr älterer, unehelicher Sohn musste zum Beispiel von mir erfahren, wie sein leiblicher Vater in der Kriegszeit ums Leben gekommen war. Haushofers jüngerer Sohn – er war Psychiater und wehrte sich begreiflicherweise dagegen, von mir sozusagen auf die Couch gelegt zu werden – machte mir das zweifelhafte Kompliment, wenn er einmal einen Detektiv brauche, werde er sich an mich wenden. Vor allem aber hatte ich mit der Nachlassverwalterin, der zweiten Frau des Haushofer-Gatten, des Steyrer Zahnarztes Dr. Haushofer, meine liebe Not, die dem familienadäquaten Vornamen Sybille alle Ehre und mir das Biographenleben schwer machte. Ihr war es auch zu verdanken, dass ich meine Arbeit erst mit großer Verspätung beginnen konnte und das Buch schließlich nicht bei Zsolnay, sondern in Haushofers späterem Verlag Claassen herauskam.

Als der Residenz Verlag bei mir anfragte, ob ich zu Marie von Ebner-Eschenbachs 100. Todestag im März 2016 eine Biographie schreiben wolle, war mir selbst dieser Gedanke schon gekommen, als ich während meines kurzen Engagements in der Gründungsphase des Wiener *Ludwig Boltzmann Instituts für Geschichte und Theorie der Biographie* nach einem lohnenden weiblichen Forschungsobjekt suchte. Es war zwar nicht das Barock, aber doch lange genug her. Die einzige deutschsprachige Biographie dieser neben Annette von Droste-Hülshoff bedeutendsten Schriftstellerin des 19. Jahrhunderts war außerdem fast hundert Jahre alt und stammte von einem Freund und Verehrer: Anton Bettelheim hat sie 1920 gleichsam auf den Knien geschrieben. Und die Germanistik in unseren deutschen Landen hat, allem feministischen Furor zum Trotz, an dieser Frau lange vorbeigesehen.

Als Literaturwissenschaftlerin habe ich die längste Zeit einen Bogen um das krude Leben gemacht. Stets schien mir die schöne Konzentration auf den Text durch Ansehen der Person getrübt. Bekanntlich sind die herausragenden Begabungen nicht unbedingt die sympathischsten Menschen. Nie wäre es mir in den Sinn gekommen, mich in meiner Diplomarbeit oder Dissertation mit Zeitgenossen zu befassen und diese womöglich noch zu ihrem Werk zu interviewen. In der Germanistik genießt die Biographie mit gewissem Recht einen zweifelhaften Ruf: Sie steht für Subjektivität und Wertung statt wissenschaftlich-objektiver Distanz, für Psychologie statt Struktur, für Konstruktion statt Dekonstruktion.
Gleichwohl fand sich auch Biographisches in meiner Diplomarbeit über den »ernsten« Christian Morgenstern. (Vgl. Strigl 1988) Mit meinem Buch über den österreichischen (Exil-) Lyriker Theodor Kramer (1897–1958) – ursprünglich meine Dissertation – war ich zum zweiten Mal in gefährliche Nähe zum Biographischen geraten: *»Wo niemand zuhaus ist, dort bin ich zuhaus.« Theodor Kramer – Heimatdichter und Sozialdemokrat zwischen den Fronten.* (Vgl. Strigl 1992) Das Werk eines Schriftstellers, der im Ersten Weltkrieg an der Front verwundet wurde, der sich als Heimatdichter und Sozialdemokrat verstand und als Jude Wien verlassen musste, lässt sich nicht ohne Wahrnehmung der Lebensgeschichte untersuchen. Tatsächlich kam der ungerührte Blick auf den Emigranten als Schwerenöter (der Dichter wusste nicht nur im Exil die Hilfsbereitschaft ihm emotional verbundener Frauen zu nutzen) nicht bei allen in der Kramer-Gemeinde gut an.

Marlene Streeruwitz hat einmal gemeint, eine Biographie zu schreiben sei »immer eine Anmaßung«. Und sie hat recht. Wie kann man es wagen, ein fremdes Leben nachzuerzählen, zu beschreiben, zu einer »Wahrheit« zusammenzufassen und darüber ein Urteil zu fällen? Vielleicht nur, wenn man sich dessen bewusst ist, dass man das Leben der beschriebenen Person nicht *re*konstruieren kann, sondern es konstruieren muss. Ich habe zum Beispiel Marlen Haushofer nahestehende Menschen nach der Farbe ihrer Augen gefragt, die im Reisepass als »graugrün« vermerkt steht. Die Antworten reichten von »Grüngrau ins Blaue gehend« und »Graublau mit Grün« über Veilchenblau bis Braun (!).
Die Wahrheit der Biographin kann also nur subjektiv sein, ihre Arbeit paradox. Sie sucht Puzzlesteine zusammen, die niemals ein komplettes Bild ergeben können und die sie als Einzelteile nicht überbewerten darf. Die Heldin in Marlen Haushofers Roman *Die Tapetentür* findet einmal einen Haufen alter Photographien und Briefe, die sie sogleich verbrennt: »Lauter scharfe Momentaufnahmen, die zusammen eine große Lüge ergeben, ein einziges Vexierbild, dessen Schlüssel man nie findet.« (Zit. in Strigl 2012, 10)
Man fährt vermutlich besser, wenn man den Schlüssel erst gar nicht sucht. Beim Verbrennen von persönlichen Dokumenten waren übrigens sowohl Haushofer als auch Ebner-Eschenbach überaus eifrig. Als erklärte Feindinnen der Indiskretion haben sie viele Briefe, Tagebücher, Notizen, kurz: alles, was das Herz des Biographen höher schlagen lässt, gezielt vernichtet. Aber, das habe ich gelernt, es kann auch reizvoll sein, mit dem Mangel zu wuchern.

Ich komme auf das erste Motto dieser Vorlesung zurück: »Abgeschrieben kann das Leben nie werden, dazu ist es zu reich.« Das Problem jeder Lebensgeschichte historischer Figuren ist: Wir wissen, wie sie ausgeht. Gerade habe ich in Rosemarie

Poiarkovs neuem Buch den Satz gelesen: »Alle Biografien fangen am Anfang an und hören am Ende auf. Erst die Kindheit, am Schluss der Tod.« (Poiarkov 2017, 34) Der Erzählfaden, wie komplex auch immer verknüpft und verzweigt, ist am Ende abgespult. Man kann versuchen, der vorgezeichneten Linie von der Wiege bis zur Bahre zu entgehen, indem man das Material nach Themen oder Aspekten ordnet, einzelne Tage herausgreift oder gar die Chronologie umdreht: Damit entkäme man zugleich der Crux der Form, dem Fluch der erzählerischen Konvention. Dem Diktat des Linearen entgeht man freilich auch im Boykott nicht. Und das Aufsprengen der klassischen Biographie hat in jedem Fall etwas Gesuchtes, gewollt Originelles. So habe ich für mich die Not (die immer auch eine Zeitnot war) zur Tugend erklärt und akzeptiert, dass man Geschichten, Lebensgeschichten nun einmal erzählt.

Was dabei zunächst als Hemmnis erschien, wurde bald zur Herausforderung: dass beide Frauen ein äußerlich unspektakuläres, ja biederes Leben geführt haben – als Tochter aus hochadeligem Haus Marie von Ebner-Eschenbach, als Försterkind und Zahnarztgattin in der Provinz Marlen Haushofer. Umso aufregender war es, die biographischen Widerhaken zu entdecken: Ebner-Eschenbachs hartnäckigen Widerstand gegen die ihrem Schreiben abholde Familie, die wehrhafte Eintracht in ihrer kinderlosen Ehe, ihre emanzipatorische Entschiedenheit, ihre Ausbruchsversuche als Reiterin, Raucherin, außerehelich doch wohl wenigstens einmal erotisch Affizierte; Haushofers zwischen der Kleinstadt Steyr und Wien geteiltes Doppelleben, ihre Depressionen, ihren Ehrgeiz, eine mustergültige Ehefrau und Mutter darzustellen. Die rücksichtsvoll kaschierte Unbedingtheit, mit der beide Frauen ihr Schreiben in Wahrheit betrieben. Thomas Bernhards rätselhafter Satz passt nicht nur als Motto für Haushofers Biographie: »Alle leben mindestens drei Leben, ein tatsächliches, ein eingebildetes und ein *nicht wahrgenommenes*.« (Bernhard 1989, 12)

Soviel zur Ausgangslage. Die praktische Arbeit verläuft bei mir wenig planvoll nach dem Prinzip intuitiver Kumulation. Nach der Lektüre der literarischen Werke – die haben bei einer Schriftstellerinnenbiographie naturgemäß Vorrang – habe ich mich an etwaige Tagebücher und Briefe gemacht, in Ebner-Eschenbachs Nachlass gibt es allein im Wiener Rathaus 6000 Briefe, da heißt es auswählen. Ich kann niemandem raten, sich an meiner Art und Weise, an einer Biographie oder überhaupt einem Buch zu arbeiten, ein Beispiel zu nehmen, sie ist sowohl kraft-, als auch nervenraubend. Müsste ich ein Rezept ausstellen, ich würde empfehlen: Machen Sie es in jeder Hinsicht unbedingt anders. Zu schreiben beginne ich immer zu spät, ohne echtes System, ohne richtiges, d.h. detailliertes Konzept. Aber es gibt doch einen Moment der Sättigung, wo man spürt, dass es nun genug ist mit dem Lesen, Sammeln, Stöbern, Reisen, Interviewen. Wo man spürt, dass eine lange umkreiste Person vor dem inneren Auge auf kaum nachvollziehbare Weise Gestalt angenommen hat. Bei Marlen Haushofer war der Augenblick erreicht, als ich bemerkte, dass nicht mehr ich meinen Auskunftspersonen Fragen zu Marlen stellte, sondern *sie* mir.

Die Biographie einer Schriftstellerin ist nur deshalb überhaupt von Interesse, weil es ein Werk gibt. Dieses Werk gehört deshalb substanziell dazu, mitunter dient es auch als Steinbruch für Biographisches, ein durchaus problematisches Verfahren, das etwa Marlen Haushofer ausdrücklich gerechtfertigt hat: »Ich schreibe nie etwas anderes als über eigene Erfahrungen.« (Zit. in Strigl 2012, 11) Im Idealfall fügt all das kreuz und quer Gelesene und Zitierte sich zu einem Bild des Charakters, der Person, beginnen die gelesenen, aufgelesenen Sätze quasi miteinander zu sprechen.

Wie nah darf die Biographin ihrem Gegenstand kommen? Ist Sympathie Voraussetzung für jede Annäherung? Ich glaube schon und will doch auf eine gewisse kritische Distanz nicht verzichten. Zum Beispiel habe ich in meinem Buch mein Erstaunen über Marlen Haushofers nicht gerade sensiblen Umgang mit ihrem Ältesten nicht verhehlt, was mir die Beschwerde einer Haushofer-Verehrerin eintrug, ich hätte ihr schönes Bild der Autorin zerstört.

Wenn man Jahre in Gesellschaft einer Person verbringt, die einem im Laufe der Zeit in allen ihren Lebensäußerungen beinahe leibhaftig greifbar geworden ist und die man besser zu kennen meint als manche persönliche Bekannte, dann kann sich leicht Überdruss einstellen. Bei mir war es nicht so. Ich habe ehrlich um Marlen Haushofer getrauert, als sie mit nicht einmal Fünfzig elend an Knochenkrebs zugrunde ging. Und ich habe gegenüber Marie von Ebner-Eschenbach am Ende ihres langen Lebens noch mehr Respekt, ja beinahe so etwas wie Ehrfurcht empfunden. Nicht nur, weil sie sich durch nichts von ihrem Weg als Künstlerin abbringen ließ, sondern vor allem, weil sie in ihrer Redlichkeit unbeirrbar geblieben war.

Wenn ich ehrlich bin, muss ich allerdings zugeben, dass meine biographischen Annäherungsversuche beiden Autorinnen nicht recht gewesen wären. Vielleicht wären sie einverstanden gewesen mit dem, was ich über ihre Literatur geschrieben, kaum aber mit so manchem, was ich über ihr Privatleben verraten habe. Dazu werde ich ganz am Schluss noch zwei Beispiele bringen. Vorerst soll Marie von Ebner-Eschenbach mit ihrem Urteil über Literaturwissenschaftler zu Wort kommen:

»In einer Zeit dichterischen Unvermögens, wie die in der wir leben, blüht die Litteraturgeschichte, blähen die Litteraturhistoriker sich auf, kochen, rühren, filtrieren, brauen, u. bereiten uns wahre Festgelage. Das Material das sie verwenden, ist die Frucht ihrer Wühl- u. Minierarbeit. Sie haben verschüttete Gänge eröffnet, Moder ausgeschaufelt u. vertrocknete Knochen u. laden uns zu Tische ein. Einen dunklen Punkt entdekken an der Sonne eines Ruhms, einen Makel am Glanz eines großen Namens, ist ihnen wonnigste Erfüllung ihres edlen Berufs. Am erfolg- u. genußreichsten üben sie ihn aus, wenn sie Totenfeiern abhalten.« (Zit. in Strigl 2016, 20)

2. Ein bisschen Theorie der Biographie

> *Indem [die] Besinnung über den eigenen Lebensverlauf auf das Verständnis fremden Daseins übertragen wird, entsteht die Biographie als die literarische Form des Verstehens von fremdem Leben.*
>
> Wilhelm Dilthey

Von Pierre Bourdieu stammt das vielzitierte Wort von der »biographischen Illusion«, in dem die poststrukturalistische Abneigung gegen die Gattung bündig zusammengefasst ist. In seinem Aufsatz problematisiert Bourdieu den Begriff der »Lebensgeschichte«, der in die wissenschaftliche Sphäre »eingeschmuggelt« worden sei und meine, dass »das Leben eine Geschichte ist« und zugleich »die Erzählung von dieser Geschichte«. (Bourdieu 2011, 303) Demnach liege dieser Denkgewohnheit eine bestimmte Theorie der Geschichte und Geschichtsschreibung, also Erzählung, zugrunde, die das individuelle Leben als etwas Ganzes und Kohärentes betrachtet, dabei von einem Ursprung und einem Ziel ausgeht und eine chronologische wie logische Ordnung voraussetzt. Nach Bourdieu geht es um die Behauptung und den Nachweis von Sinn. Die »Neigung, sich zum Ideologen des eigenen Lebens zu machen«, trifft auf die »natürliche Komplizenschaft des Biographen«, der bereit ist, »diese künstliche Sinnschöpfung« im Zuge der Konstruktion eines stabilen Subjekts zu akzeptieren. (Bourdieu 2011, 304f.) Das Fragwürdig-Werden einer »rhetorischen Illusion« namens Lebensgeschichte fällt für Bourdieu nicht zufällig mit der Abkehr vom bürgerlich-realistischen Roman und dessen Totalitätsanspruch in der Moderne zusammen.

In der akademischen Welt gilt die Biographie als »methodisch restaurativ oder (schlimmer noch) theoretisch naiv« (Alt 2002, 23), ja, sie steht, insbesondere, aber nicht nur in deutschen Landen, im Geruch des Unseriösen, sie hat einen Hautgout. Karl Wagner spricht von ihrer »ramponierten Dignität« und bezeichnet sie als für »akademische Karrierewege [...] seit längerem ungeeignet«. (Wagner 2006, 50) Deirdre Bair, die US-amerikanische Biographin Simone de Beauvoirs und Samuel Becketts, ging sogar so weit zu behaupten, das Verfassen einer Biographie sei »akademischer Selbstmord«. (Bair 2001, 38)

Bernhard Fetz hat festgestellt, dass es, nicht zuletzt wegen ihres »Bastardcharakters«, bis dato »keine konsistente Theorie der Biographie« gebe, allenfalls Überlegungen zum Begriff des »Biographischen«. (Fetz 2009/I, 8) Man kann diese theoretische Leerstelle bedauern, man kann sie aber auch als entlastend empfinden. Wie überhaupt gerade der üble Leumund der Biographik für potenzielle Verfasser ein weites Feld der Freiheit eröffnet, in dem vieles möglich scheint, vom interdisziplinären Ansatz bis zu offensivem Eklektizismus und Methodenmix – nach dem Motto: »Ist der Ruf erst ruiniert, lebt es sich ganz ungeniert.«

Biographien werden mit unverminderter Intensität geschrieben und gelesen – in letzter Zeit verwandelt sich im Kontext der Kulturwissenschaften unter der Devise einer fächerübergreifenden Wissensorganisation gerade der Mangel der Biographie, ihre Nichtzuordenbarkeit, in ein Atout. Angesichts der Dominanz der Naturwissenschaft besinnt man sich in den »Humanities« auf eigene Stärken. Die »Neugeburt der wissenschaftlichen Biographie« (Alt 2002, 24) ereignet sich in der Literaturwissenschaft vor dem Hintergrund einer Renaissance des Begriffs Autorschaft unter anderen, poststrukturalistischen Vorzeichen.

Es hat den Anschein, als ließe sich das Erzählen im biographischen Zusammenhang nicht vollständig ausrotten: Nicht nur die Praxis, auch die Theorie leistet Widerstand.

Neuere theoretische Ansätze in der Geschichtsschreibung betonen die Funktion der Narration hinsichtlich des menschlichen Bedürfnisses nach chronologischer Ordnung und Kausalität.

Vielleicht bedarf es aber auch gar keiner anthropologischen Begründung für das – chronologische – Erzählen als biographische Methode der Wahl. Es gibt nicht zuletzt pragmatische Gründe für diese Entscheidung, die freilich mit den prinzipiellen und biologisch-kognitiven zusammenhängen. Grundsätzlich stimme ich Bernhard Fetz zu, wenn er meint, »die literarische Biographie, und mit Einschränkungen auch die wissenschaftliche«, dürfe, um »lebendig« zu bleiben, »den Anschluss an die ästhetische Moderne nicht verlieren«. (Fetz 2009/I, 50) Allerdings stellt sich die Frage, wie sich Experimentierfreude und Gegenstandsbezug konkret in Einklang bringen lassen. Im Falle meiner Biographie Marie von Ebner-Eschenbachs hätte es wohl die Möglichkeit gegeben, etwa die Lebensgeschichte der Schriftstellerin in einer umgestürzten Chronologie zu erzählen oder einzelne ebenso bedeutungsvolle wie charakteristische Tage herauszugreifen und gleichsam in Nahaufnahme zu betrachten oder das Biographische anhand eines Gerüsts von Themen zu organisieren. Die Entscheidung für den Pragmatismus und gegen die Originalität war zunächst eine für die ›natürliche‹ Form des Erzählens:

natürlich nicht in Bezug auf eine von der Natur vorgegebene und limitierte Geschichte des Lebenswegs, sondern bezogen auf den Akt des – mündlichen – Erzählens selbst. Wer einem anderen eine fremde Lebensgeschichte erzählt und sich dabei nicht mit einigen Streiflichtern begnügt, der beginnt üblicherweise ab ovo und geht die Strecke bis zum bitteren Ende. So schien es mir verlockend, den Weg zum Erzählen als der via regia zum »Verständnis fremden Daseins« (Dilthey 2011, 60) nicht durch die Hintertür theoretischer Vorbehalte zu betreten, sich also durch unverdrossene Praxis dem geltenden Zersplitterungszwang und Dekonstruktionsgebot zu widersetzen.
Dabei stellt sich konkret die Frage, wie man mit dem Bannstrahl gegen narrative Sinnstiftung umgeht. Pointiert gesagt: Wenn eine Autorin wie Ebner-Eschenbach ihre gesamte soziale und intellektuelle Existenz auf ein Ziel hin entworfen und geplant hat, darf ihre Biographin dann diese Bemühung als illusionär enttarnen, ohne sie zuvor als einen Akt der Selbstoptimierung anerkannt und nachgezeichnet zu haben, nur weil die Sinnproduktion per Lebensgeschichte wissenschaftlich verpönt ist? Muss der Biograph die einmal erkannte Absicht des Biographierten, »sich zum Ideologen des eigenen Lebens zu machen«, aus wissenschaftlichem Ethos sabotieren? Muss er seine »natürliche Komplizenschaft« nicht bloß offenlegen, sondern gleich aufkündigen? Ich glaube, nein, gerade weil ich versucht habe, den Charakter des Künstlichen im lebensgeschichtlichen Entwurf ernst zu nehmen. Das Schriftstellerinnen-Leben als Künstliches, ja als Kunstwerk verlangt nach einer ästhetischen Beschreibung respektive Würdigung.
Es gibt auch einen pragmatischen Beweggrund dafür: Eine Lebensgeschichte Marie von Ebner-Eschenbachs zu schreiben ist nicht zuletzt eine kanonpolitische Intervention. Das ist zunächst, aber nicht ausschließlich genderspezifisch gemeint: Die erdrückend große Mehrheit im Marktsegment

Biographie besteht aus Büchern über Männer. Das bildet nicht einfach nur die Lage ab, dass Frauen eben keine Rolle spielten: Biographien als »Texte von Männern über Männer« suggerieren, dass Frauen per se nicht biographiewürdig sind. (Vgl. Reulecke 2011, 19f.) Dies leuchtet gerade im Falle einer der bedeutendsten europäischen Schriftstellerinnen des 19. Jahrhunderts unmittelbar ein, die so lange – seit 1920 – im deutschen Sprachraum nicht biographisch wahrgenommen wurde. Wer sich hier schließlich auf das Unternehmen Biographie einlässt und dies mit der Absicht tut, Ebner-Eschenbach nachdrücklich in den literarischen wie auch germanistischen Kanon (wieder) hinein zu reklamieren, der entscheidet sich für das Modell der Erzählung auch, um tunlichst alle Mittel formaler Gestaltung zu vermeiden, die die Hürden für potentielle Leser erhöhen. Mehr oder minder experimentelle Zugänge zur biographischen Form sind nicht geeignet, eine gewisse Breitenwirksamkeit zu gewährleisten.

Das Bekenntnis zur Lebenserzählung legt für mich im Fall Ebner-Eschenbach die selektive oder, wenn man so will, eklektizistische Anwendung einer Theorie nahe, die dem Biographischen eng verwandt ist: der Psychoanalyse, insbesondere der psychoanalytischen Psychosomatik. Die allgemeinen Anknüpfungspunkte liegen auf der Hand: Sigmund Freud war als Begründer des Diskurses nicht zum mindesten Erzähler, Berichterstatter von Fallgeschichten sowie von autobiographischen Erlebnissen und Träumen. Auch Georg Groddeck (1866–1934), der die psychosomatische Medizin populär gemacht und für sich zu Recht in Anspruch genommen hat, den Begriff des »Es« in die Debatte eingeführt zu haben, war als Autor der Narration verpflichtet. Als Therapie basiert die Psychoanalyse auf den biographischen Erlebniskernen der Patienten, als wissenschaftliche Disziplin zeichnet sie jene nach, *erzählt* sie Krankengeschichten. (Vgl. Anz 2002)

In der Literaturwissenschaft ist der psychoanalytische Zugang als Methode der Interpretation ohne Zweifel aus der Mode gekommen. Das liegt zum einen daran, dass die Psychoanalyse auf der Suche nach psychopathologischen Indizien den »Charakter einer biographischen Verdächtigungswissenschaft« (Fetz 2009/I, 22) nie ganz ablegen konnte und, wie Karl Wagner feststellt, ihre eigenen Konventionen und Klischees prägte: »Der biographische Denkmalskult des 19. Jahrhunderts transformierte sich in ein Sprechritual über frühkindliche Sexualität.« (Wagner 2006, 55) Zum anderen ist Freuds phallisches Modell der Triebtheorie aus feministischer Perspektive zunehmend in Verruf geraten. Von Anfang an, das heißt bereits in Freuds eigener Arbeit, war das psychoanalytische Interesse an der schönen Literatur zweigeteilt: Es galt der Untersuchung und Deutung literarischer Werke einerseits und der psychischen Struktur – und damit der Biographie – des Dichters andererseits. Das Handwerk des quasi hauptberuflichen Biographen jedoch beurteilte Freud erstaunlich harsch: »Wer Biograph wird, verpflichtet sich zur Lüge, zur Verheimlichung, Heuchelei, Schönfärberei und selbst zur Verhehlung seines Unverständnisses, denn die biographische Wahrheit ist nicht zu haben und wenn man sie hätte, wäre sie nicht zu gebrauchen.« (Zit. in Anz 2002, 95f.) Dem Modell der hagiographischen Lebensbeschreibung, das Freud hier offenkundig vor Augen hat, steht das der sexualfixierten Entlarvung gegenüber, das den Proponenten der Psychoanalyse häufig zum Vorwurf gemacht worden ist.
Für mich stellte sich das aus dem Umgang mit ›avancierter‹ Biographik gewonnene Dilemma in diesem Kontext neu: ›Leben erzählen, aber anders‹ oder ›Wahrhaftig sein und dabei diskret‹, beide Ansprüche erfüllen das Muster von ›Wasch mir den Pelz und mach mich nicht nass.‹ Das Bemühen um eine noch so relative biographische Wahrheit verträgt sich nicht mit Zimperlichkeit.

Christian Morgenstern (1871–1914) formulierte 1908, bereits anthroposophisch gesinnt, seine Wünsche an die Nachwelt so: »Wenn ich aber tot sein werde, so tut mir die Liebe und kratzt nicht alles hervor, was ich je gesagt, geschrieben oder getan. [...] Ißt man denn an einem Apfel auch alles mit: die Kerne, das Kerngehäuse, die Schale, den Stengel?« (Morgenstern 1965, 436) Die Frage, inwieweit eine wissenschaftliche Lebensgeschichte gegen die Intentionen ihres Gegenstands erzählt werden und ob sie sozusagen gegen diesen ermitteln darf oder sogar muss, sie stellt sich nicht als eine der Moral, sondern der sachlichen Angemessenheit. Die letzte Konsequenz einer unbedingten Rücksichtnahme auf die beabsichtigte Selbstpräsentation wäre der im doppelten Wortsinn *engagierte* Biograph à la Anton Bettelheim (1851–1930). Von ihm stammen die beiden letzten Lebensdarstellungen Ebner-Eschenbachs in deutscher Sprache. Dazu kommt, dass die gesellschaftliche Bewertung individueller Eigenschaften und Taten dem Einfluss des Zeitgeists unterliegt: Vieles von dem, was einst, gerade auf dem Gebiet des Sexuellen, als Sünde oder Schande galt, gilt heute als bloße Schwäche oder Eigenheit; was früher als Laster oder Charakterfehler angesehen wurde, weiblicher Eigensinn beispielsweise, wird inzwischen als Tugend gehandelt – und umgekehrt. (Woolf 2011, 167)
Bei Marie von Ebner-Eschenbach lag die diesbezügliche Herausforderung nicht etwa darin, dass in ihrem Nachlass so viel ›Kompromittierendes‹ in eroticis aufgetaucht wäre, sondern im Gegenteil im gänzlichen Fehlen derartiger Hinweise. Über ihre »Sexualkonstitution«, ohne deren Kenntnis eine psychoanalytische Durchleuchtung nicht möglich ist (vgl. Anz 2002, 99), kann man lediglich Vermutungen anstellen, so liefern etwa ihre Kindheitserinnerungen einschlägige Indizien. Gerade Ebner-Eschenbachs perhorreszierender Umgang mit dem Thema ›Sinnlichkeit‹ (dem sie gleichwohl gewissen literarischen Tribut gezollt hat) reizte mich dazu, gelegentlich

tiefenpsychologische Deutungsangebote zumindest zu skizzieren. Bei dem Versuch, Ebner-Eschenbach gegen die von ihr polierte Oberfläche einer geschlechtslosen und begehrensfreien Ikone der Güte zu lesen, erweisen sich insbesondere die Beobachtungen Georg Groddecks für das Verständnis der körperfeindlichen chronischen Schmerzpatientin als hilfreich. Wie konsequent Marie Ebner ihre Abwehr gegen die Freud'sche Lehre betrieb, ist auch daraus zu ersehen, dass sie den Namen des 26 Jahre Jüngeren über Jahrzehnte kein einziges Mal erwähnt, obwohl dieser in ihrem engeren Freundeskreis verkehrte und sie außerdem gewöhnlich theoretische Neuerscheinungen aller Art aufmerksam registrierte.
Meine offen einbekannte Absicht als Biographin war eine Imagekorrektur der einstigen Kultautorin. Keineswegs war damit der Versuch der Entlarvung oder Enttarnung verbunden, die Ebner-Eschenbach selbst offenbar befürchtete. Was sie noch so über die üblichen Recherchen der Literarhistoriker notiert hat, ist geeignet, potentielle Biographen nachhaltig abzuschrecken:

»Aus ihren Mauselöchern heraus beobachten sie den Wandel der Gestirne, mit ihren Schnüffelnasen beriechen sie unsterbliche Seelen u. Geister. Weh jeder menschlichen Schwäche der sie auf die Spur kommen, weh besonders jeder in einem Augenblick verzweifelter Selbstpeinigung gegen das eigene Ich ausgestoßenen Anklage. Die vorübergehende Regung wird zum bleibenden Zustand, u. aus ihm eine dunkle Einzelheit des Werkes u. wiederum aus dieser die Beziehung zu dem unglücklichen Petenten [Bewerber, D.S.] erklärt. Daraus werden nun Schlüsse gezogen, u. wird alles abgeleitet was er getan u. gedichtet hat. Sein Ruf ist beschmutzt u. nie mehr wird blank was die Schnüffelnasen mit ihrem unlautern Atem getrübt haben.« (Zit. in Tanzer 1997, 75)

Marie Ebner war es, wie figura zeigt, vornehmlich darum zu tun, Züge eines ›modernen‹ Nihilismus und Pessimismus aus ihrem Charakterbild zu eliminieren. Dass sie ihre private wie öffentliche Identität gleichsam modelliert, dass sie ihr Bild buchstäblich zugeschnitten hat, war nicht zum Mindesten dem sozialen Druck geschuldet, der auf ihr als einer gegen alle Erwartungen und Wünsche ihres Umfelds schreibenden Frau lastete. Nicht um Entlarvung ist es mir gegangen, weil es kein ›wahres Antlitz‹ der Dichterin hinter der Maske zu entdecken gibt, nicht um Enttarnung, weil die Maske eben nicht bloß Tarnung – und vielleicht gar nicht einmal wirklich Maske ist. Vielmehr verdeutlicht die biographische Erzählung die Unmöglichkeit, zwischen Authentizität und Stilisierung zu unterscheiden. (Vgl. Wozonig 2010, 68) Sie legt so ein ganzes Bündel von ›wahren‹ Bildern frei – oder erzeugt es erst – und vollzieht damit Ebner-Eschenbachs Entwurf eines Lebens als Kunstwerk kritisch nach. Wenn ich als Biographin von meinem Objekt dennoch wie selbstverständlich als *einer* Person spreche, tue ich das pragmatisch im stetigen Bewusstsein eines Als-ob.

Zuletzt versteht sich die Erzählung einer, sei es noch so konventionellen, individuellen Lebensgeschichte als ein über diese hinausreichendes historiographisches Unternehmen. In der Lebensspanne Ebner-Eschenbachs bündeln sich die wesentlichen Diskurse des Jahrhunderts, eines Jahrhunderts der Brüche und Umwälzungen auf mannigfachem Gebiet. »Das Individuum ist nur der Kreuzungspunkt für Kultursysteme, Organisationen, in die sein Dasein verwoben ist: wie könnten sie aus ihm verstanden werden?« fragte Wilhelm Dilthey. (Dilthey 2011, 64) Jedenfalls kann »die Biographie als Kunstwerk« dieser Aufgabe nicht gerecht werden, »ohne zur Zeitgeschichte fortzugehen«, also sich als Instrument der Geschichtswissenschaft zu begreifen.

»Theorie und Praxis sind eins wie Leib und Seele, und wie

Seele und Leib liegen sie großenteils miteinander in Streit«, befindet Marie von Ebner-Eschenbach. (Ebner-Eschenbach 2015, 236) Diltheys Anspruch ist ein hoher, er verlangt den biographischen Spagat und weiß, dass das zu viel verlangt ist. Denn es gilt, das Individuum aufgrund seiner Lebensdokumente in den Fokus zu rücken, zugleich aber sind dessen Position und Bedeutung im Kräftespiel nur erkennbar, wenn es gelingt, einen allgemeinen Hintergrund von ihm abzulösen. Es gilt, den »Standpunkt« zu finden, von dem aus der »allgemeinhistorische Horizont« sich eröffnet, wobei zugleich »für einen Wirkungs- und Bedeutungszusammenhang doch dies Individuum im Mittelpunkt bleibt: eine Aufgabe, die jede Biographie doch nur annähernd auflösen kann.« (Dilthey 2011, 63)

3. Ebner-Eschenbach als Leerstelle der Biographik

Auf den ersten Blick scheint es nicht angemessen, hinsichtlich biographischer Arbeiten zu Ebner-Eschenbach von einer bis dato klaffenden Forschungslücke zu sprechen. Meine Biographie ist die immerhin vierte über die bedeutendste Vertreterin des deutschsprachigen Realismus. Allerdings hat es seit dem Jahr 1920 keine Lebensgeschichte in deutscher Sprache gegeben – die einzige Darstellung aus neuerer Zeit erschien auf Englisch.

Als Interpret von Leben und Werk Ebner-Eschenbachs hatte Anton Bettelheim lange eine Art Monopolstellung. Er verfasste – mit Zustimmung und tatkräftiger Unterstützung der Portraitierten – anlässlich ihres siebzigsten Geburtstags 1900 die erste Biographie unter dem Titel *Marie von Ebner-Eschenbach. Biographische Blätter.* (Vgl. Bettelheim 1900) Zwanzig Jahre später publizierte er, ebenfalls von Ebner-Eschenbach autorisiert, aber bereits postum, seine zweite Lebensbeschreibung, der er den Untertitel *Wirken und Vermächtnis* gab. (Vgl. Bettelheim 1920) 1997 erst erschien die nächste umfassende Biographie: Doris M. Klostermaiers *Marie von Ebner-Eschenbach. The Victory of a Tenacious Will.* (Vgl. Klostermaier 1997) Klostermaier hatte ein Jahr zuvor in einem Aufsatz die bis dahin schärfste Kritik an Bettelheims Arbeit als Biograph geäußert. (Vgl. Klostermaier 1996)

Die Tatsache, dass eine Spanne von 96 Jahren verstreichen musste, ehe die erste ›moderne‹ Biographie Ebner-Eschenbachs in deutscher Sprache vorlag, scheint ebenso bezeichnend für die Situation der Forschung wie der Umstand, dass die einzige jüngere Lebensgeschichte der Schriftstellerin von einer (deutschstämmigen) US-Germanistin in englischer Sprache verfasst wurde. Tatsächlich war der Baronin Ebner-Eschenbach von der Germanistik lange der »Platz eines literarischen Aschenputtels« (Koopmann 1994, 158) zugedacht, erst in den letzten Jahren lässt sich wieder eine intensivere Beschäftigung mit ihrem Werk feststellen. Innerhalb des Faches wiederum war das Interesse an Ebner-Eschenbach im angelsächsischen, insbesondere angloamerikanischen Raum merklich größer als im deutschsprachigen.

Ebner-Eschenbachs übler Ruf in der neueren, ›fortschrittlichen‹ Literaturwissenschaft scheint sich als eine Spätfolge jener »Heiligsprechung durch Anton Bettelheim« (Pfeiffer 2008, 12f.) zu erweisen, die vor allem in der »Vermächtnis«-Biographie von 1920 erfolgte. Ein weiterer Ebner'scher Aphorismus drängt sich hier auf: »Man hat einen zu guten oder zu schlechten Ruf; nur den Ruf hat man nicht, den man verdient.« (Ebner-Eschenbach [1920]/I, 596) Nun konnte zwar die nationalsozialistische Germanistik mit der als christlichhumanistisch punzierten Dichterin wenig anfangen, was einer breit gestreuten Nachkriegsrezeption bis hin zum Schullesebuch zugute kam. Doch die der einmal Arrivierten zuteil gewordenen überschwänglich-ehrfürchtigen Lobpreisungen der zeitgenössischen Kritik und Literaturwissenschaft haben sich unter den geänderten Diskurs-Vorzeichen der sechziger Jahre kontinuierlich in einen spürbaren Wettbewerbsnachteil verwandelt.

Die erste Biographie des vielgescholtenen Anton Bettelheim aus Anlass von Ebner-Eschenbachs siebzigstem Geburtstag verdankt sich dem Umstand, dass die Jubilarin zu einer autobiographischen Darstellung nicht zu bewegen war. Sie war es aber seit den ersten Tagen ihres Ruhms gewohnt, die Weichen für dessen Vermehrung selbst zu stellen. Die Wahl des geeigneten Biographen gehörte dazu. Dass Bettelheim sein Buch, mit Kleist zu sprechen, »auf den Knien seines Herzens« geschrieben und sein Material, »[g]emehrt durch gütig und reichlich gewährte Antworten auf mündlich und schriftlich gestellte Fragen« (Bettelheim 1920, VIII), absichtsvoll arrangiert hat, steht außer Frage. Es bedurfte dazu aber gewiss keiner besonderen Mahnung, es war die Entschlossenheit zur Verehrung, bei allem Bekenntnis zur wissenschaftlichen Objektivität, Bettelheims Credo als Biograph, in dem er seinem erklärten Vorbild Thomas Carlyle (1795–1881) folgte. Carlyle stellte sich emphatisch gegen das Bestreben des Historismus, den einzelnen »Großen« in erster Linie als Produkt seiner Epoche zu erfassen. »Heldenverehrung« im Carlyle'schen Sinne lässt sich als eine Praxis der Selbsterziehung verstehen: »Wir können keinen großen Menschen [...] betrachten, ohne Gewinn von ihm zu ziehen.« (Carlyle 2011, 30)
Anton Bettelheims zweite Biographie *Marie von Ebner-Eschenbach. Wirken und Vermächtnis* war von der Dichterin und ihrem Biographen in fortgesetzter ›Komplizenschaft‹ als ulti-

mative und jedenfalls postume Veröffentlichung geplant. Zu diesem Zweck begann Ebner-Eschenbach um ihren siebzigsten Geburtstag mit der Revision und dem Exzerpieren ihrer Tagebücher. Dabei kürzte sie rigoros, was ihr redundant und langweilig erschien, sie strich aber auch Stellen, die ihrer Meinung nach allzu private Details oder gar Kompromittierendes über Familienmitglieder, Freunde und Bekannte enthielten, sie eliminierte etliche ihrer Klagen über gesundheitliche Beschwerden, über Mutlosigkeit und Verzagtheit, politische Urteile und vor allem boshafte Äußerungen über Dritte. Sie händigte Bettelheim die Auszüge bis zum Jahr 1904 aus und stellte ihm in Aussicht, den Rest nach ihrem Tod im Zdislawitzer Schlossarchiv in Augenschein nehmen zu dürfen, was auch geschah. (Vgl. Bettelheim 1920, VIIIf.) Der Biograph zeigt sich verständnisvoll in puncto Marie Ebners Selbstzensur – die ihm auch eine ungekürzte Wiedergabe ihrer Briefe unmöglich macht – und begründet sie als einen Akt der Rücksichtnahme: »So wenig in ihrem kristallhellen Lebenslauf zu verbergen war und ist, Schonung der Geheimnisse, ja selbst nur der Empfindlichkeiten Dritter ließ ihr Zurückhaltung als Gewissenspflicht erscheinen.« (Bettelheim 1920, 249)
Die in der Forschung zu beobachtende Dämonisierung Anton Bettelheims als eines Gottseibeiuns der Biographik wird seiner Leistung nicht gerecht. Bettelheim hat den Ebner-Mythos nicht geschaffen, er hat ihn fort- und festgeschrieben, und dies tatsächlich nicht *gegen* eine augenscheinliche ›Wahrheit‹ ihrer Person. Anton Bettelheim hat Ebner-Eschenbach nicht erfunden, oder vielleicht besser: Er hat sie erfunden nach ihrem Bilde. Weil die Selbstkonstruktion des biographischen Objekts kein Fake ist, sondern Teil seines Lebens, keine Maske, sondern gleichsam eine zweite Haut, lässt sie sich nicht ungestraft ignorieren oder eliminieren, sie wird zur Herausforderung des redlichen Biographen, als den man cum grano salis auch Anton Bettelheim ansehen muss. Was die optische

Repräsentation der ›Baronin‹ angeht, war er indes eindeutig noch nicht auf das Matronen-Image festgelegt – beide Biographien enthalten Bildnisse aus unterschiedlichen Lebensphasen.

Die Notwendigkeit, ja Dringlichkeit einer neuen Biographie über Marie von Ebner-Eschenbach in deutscher Sprache ergab sich also zum einen aus dem heute nicht mehr zeitgemäßen und daher eine aktuelle Rezeption behindernden Zugang ihres ›Leibbiographen‹ Anton Bettelheim und der auf ihn folgenden extrem langen publizistischen Funkstille. Zum anderen ist aber seit der Veröffentlichung von Doris M. Klostermaiers Buch auch neu erschlossenes Material von einiger Aussagekraft erschienen: 2016 kam der Briefwechsel zwischen Marie von Ebner-Eschenbach und ihrer langjährigen Freundin Josephine von Knorr heraus, der ein neues Licht vor allem auf die junge Dichterin wirft. Die Herausgeberinnen hatten mir den Briefteil vor Erscheinen für meine Arbeit zur Verfügung gestellt. (Vgl. Ebner-Eschenbach/Knorr 2016; Strigl 2016, 92ff.)

Wer immer sich anschickt, in der Causa Ebner-Eschenbach den blinden Fleck im Auge der Wissenschaft zu überwinden, sieht sich einem schier einschüchternden Berg von Quellen gegenüber: Mehr als 6000 Briefe von und an Ebner-Eschenbach liegen wie gesagt allein in der Handschriftensammlung der Wienbibliothek. Im Mährischen Landesarchiv in Brünn befinden sich 1300 Briefe der Schriftstellerin an Familienmitglieder (vgl. Ebner-Eschenbach/Knorr Bd. 1 2016, XIf.), dazu umfangreiche Bestände an Gegenbriefen und Korrespondenzen mit Freunden und Bekannten. Da wie dort werden überdies zahlreiche Werkmanuskripte und Notizhefte aufbewahrt. Die Forschenden mögen sich darüber freuen, dass Ebner-Eschenbach nicht nur über eine gestochen klare Handschrift verfügte, sondern auch als einzige ihres Umfelds bereits in den sechziger Jahren von der Kurrent- zur Lateinschrift wechselte – ihre Produktivität bleibt jedoch ehrfurchtgebietend.

Die nicht zu unterschätzende Gefahr heutiger wissenschaftlicher Biographik, dass die akribische Auswertung einer »Unmenge an Quellen« das Objekt des Interesses »vor lauter Bezügen« zum Verschwinden bringt (Fetz 2009/II, 119), droht also auch in diesem Fall. Am anderen Ende des Gefahrenspektrums steht die Beliebigkeit einer rigorosen Auswahl. Ich bekenne mich zu einem gewissen Mut zur Lücke, zu einer Methode maßvoller Willkür, da Willkür nun einmal nicht zu vermeiden ist, auch nicht bei einer noch so großzügigen Auswahl und monumentalen Präsentation. Meine Arbeit ist von der Einsicht grundiert, dass der »Status der Quellen« bei aller Fülle »nicht nur von dem bestimmt ist, was da ist, sondern in viel größerem Ausmaß von demjenigen, was nicht da ist«. (Fetz 2009/II, 106) Im Falle Marie von Ebner-Eschenbachs, die so vieles ausgesondert und vernichtet hat, nimmt diese Überlegung sehr konkrete Gestalt an.

Leerstellen, Geheimnisse und Verluste rufen der Biographin im Arbeitsprozess zwangsläufig in Erinnerung, dass ihr Geschäft aus der Annäherung an etwas besteht, das strukturell uneinholbar ist. Ganz im Sinne der von Peter C. Pfeiffer ins Treffen geführten »Dignität« im literaturwissenschaftlich-biographischen Umgang mit einer Schriftstellerin sollte in der Lebensgeschichte Ebner-Eschenbachs jedenfalls der Präsentation ihrer Werke angemessener Raum zugestanden werden. Der Titel des Buches *Berühmtsein ist nichts* enthält nur die Hälfte ihres Credos, das sie in einem Brief bekannt hat (zit. in Bettelheim 1900, 182) – die Fortsetzung »Schaffen ist alles« büßt darum nicht etwa an Glaubwürdigkeit ein, weil das Berühmtsein dieser Autorin eben doch auch ein Anliegen war. Schon allein deshalb, weil nur so ihr Schreiben in ihrer Familie gleichsam Rechtfertigung von außen erhielt. »Schaffen ist alles« ist als Wahlspruch aber insofern wahr, als der schöpferische Akt bis in ihr hohes Alter für Marie Ebner im Mittelpunkt stand.

Berühmt sein wollte Ebner-Eschenbach mit ihrer Literatur, nicht mit ihrem Lebenswandel. Zu Lebzeiten ist ihr das gelungen, doch wie der Nachruhm ›funktioniert‹, ist schwer zu beschreiben und noch schwerer vorauszusehen, wie bereits die Aphoristikerin wusste: »Es ist unglaublich, was die Welt vergißt und – was sie nicht vergißt.« (Ebner-Eschenbach [1920]/I, 621) Heute bedarf es nach den Gesetzen der kollektiven Aufmerksamkeitsökonomie einer Umkehrung der Prioritäten: Wer das Lesepublikum – und auch die germanistische Forschung – auf das epochal bedeutende Werk Ebner-Eschenbachs neugierig machen will, der muss am Bild der Schriftstellerin andocken. Erst wenn das gelingt, kann sich die Gültigkeit ihres Wortes aufs Neue erweisen: »So manches papierne Denkmal hat mehr Bestand als ein Denkmal von Erz.« (Ebner-Eschenbach [1920]/II, 666).

4. Zum Schluss: Schwierigkeiten der biographischen Praxis

Zwei Beispiele möchte ich hier anführen. Das eine betrifft einen Brief Marie von Ebner-Eschenbachs und seine Interpretation. Er stammt aus dem jüngst publizierten Briefwechsel mit ihrer Freundin Josephine von Knorr. Gewöhnlich verlangte Ebner-Eschenbach, sobald eine ihrer Freundinnen gestorben war (sie überlebte eigentlich alle), ihre Briefe von den Hinterbliebenen zurück. Im Falle von »Sephine« Knorr stand sie mit den Erben nicht auf vertrautem Fuß, deshalb

entgingen ihre Briefe dem üblichen Autodafé und überdauerten hundert Jahre im Privatarchiv von Schloss Stiebar im niederösterreichischen Gresten.
In dieser 57 Jahre (1851 bis 1908) umfassenden Korrespondenz, die es biographisch auszuwerten galt, lernt man eine junge, literarisch überaus ambitionierte, unermüdlich um die ihr adäquate Gattung und einen eigenen Stil bemühte Dichterin kennen, die sich mit ihrer künstlerisch gleichgesinnten Freundin – Knorr schrieb vor allem Lyrik – austauschte, die als Gattin ihres um fünfzehn Jahre älteren Cousins Moriz unter ihren familiären Pflichten litt, die eine passionierte Zigarren-Raucherin und Reiterin war.
In einem Brief vom 2. Juni 1860 – da war sie 29 Jahre alt – schreibt Marie Ebner an Sephine Knorr:

»Diese Tage haben Stürme mitgebracht die meine ganze Zukunft, alle meine Verhältnisse bedrohten, u aus denen ich, zu völliger Ruhe noch nicht gelangt. Du kannst leicht errathen was der Grund zu alledem gewesen, der ganze verflossene Winter hat die Blüten vorbereitet, die jetzt auf mich niederregnen. Was sich noch aus diesem Chaos entwickelt ahne ich nicht – meine Gesundheit hat gründlich unter den Gemütserschütterungen gelitten – obwol sie keine von denen ist, die nicht wiederstehen gelernt.
Dießmal traf der Schlag u. brennt die Wunde. Ich hab' nichts dagegen wenn sie tödtlich ist; u das eine glaub ich bis an's Ende von mir sagen zu dürfen, daß wenn ich den Schmerz wie ein Weib gefühlt, ich ihn doch getragen habe wie ein Mann. –« (Ebner-Eschenbach/Knorr Bd. 1 2016, 195)

Solche Briefe kann man nur aus ihrem Kontext verstehen. Ich zitiere dazu aus meiner Biographie: »Dieser emotionale, ja hochdramatische Ton sticht heraus aus Marie von Ebner-Eschenbachs Korrespondenz – auch im so vertraut-amikalen

Schriftverkehr mit Sephine Knorr. Klagt sie sonst über Leiden und seelischen Verwundungen, so gilt das entweder körperlichen Schmerzen oder der Sorge um die psychisch kranke Schwiegermutter und der Befriedigung ihres literarischen Ehrgeizes. Jetzt aber fühlt sie sich sogar zu ›leidend‹, um Grillparzer einen Abschiedsbesuch abzustatten.« (Strigl 2016, 128)
Es gehört meines Erachtens einige Phantasie dazu, hier *nicht* an eine außereheliche Affektation der zu diesem Zeitpunkt bereits zwölf Jahre verheirateten Baronin Ebner-Eschenbach zu denken. Mit obstinater Keuschheit vermuten die Herausgeberinnen des Briefwechsels als Grund für diesen ungewöhnlichen Gefühlsausbruch jedoch »familiäre Zerwürfnisse wegen MvEEs schriftstellerischen Ambitionen«, konkret halten sie es für möglich, dass die Autorschaft von Ebner-Eschenbachs zwei Jahre zuvor anonym erschienenem Debut *Aus Franzensbad*, einer Sammlung satirischer Badebriefe, nun durchgesikkert sei. (Ebner-Eschenbach/Knorr Bd. 2 2016, 162)
Meine Deutung war eine andere gewesen: »Marie Ebners Rede ist verklausuliert, doch dass es hier um einen Mann geht, dass der Bestand ihrer Ehe ernstlich gefährdet war oder vielmehr: ist«, das schien mir offenkundig, heißt es doch, die »Stürme« hätten »meine ganze Zukunft, alle meine Verhältnisse« bedroht, das »Chaos« ist noch nicht überwunden. Spricht man so von einem Ärgernis des literarischen Betriebs? Von einem Gesellschaftsskandälchen? – »Die kaum bewältigten ›Gemütserschütterungen‹ sind metaphorisch trotz allem positiv konnotiert: ›Blüten‹ sind es, die auf sie nun ›niederregnen‹.« (Strigl 2016, 129)
Weiter heißt es in meiner Biographie:
»Ihre Freundin Sephine kennt die Vorgeschichte, und sie kennt, zumindest dem Namen nach, den Mann, den Marie im vergangenen Winter in Wien (näher) kennengelernt haben muss, als auch Sephine in der Stadt war. Marie Ebner schreibt als schwer Getroffene: Sie spricht von ›Schlag‹,

›Wunde‹, ›Schmerz‹. Eine derartige Verwundung scheint ihr nicht zum ersten Mal zugefügt worden zu sein. Was immer Marie Ebner mit der Betonung auf ›Dießmal‹ meint: dass sie behauptet, nichts dagegen zu haben, sollte die Wunde tödlich sein, ist ein starkes Stück, neigt sie doch, selbst in ihren Tagebüchern, eher zu Understatement und affektiver Selbstzensur. Aus dem Umstand, dass in diesen Stürmen Marie Ebners ›ganze Zukunft‹ und all ihre ›Verhältnisse‹ auf dem Spiel stehen und der – vorläufige – Ausgang für sie schmerzhaft ist, lässt sich eigentlich nur schließen, dass sie die *Bestürmte* war, dass der ungenannte Mann ihr zwar den Seelenfrieden geraubt, aber keine Erhörung gefunden hat, jedenfalls keine, die eine gemeinsame Zukunft beträfe. Ihre Selbstbeschreibung, sie habe ›den Schmerz wie ein Weib gefühlt‹, ihn jedoch getragen ›wie ein Mann‹, hat tatsächlich etwas von einer Königin – wer dächte da nicht an Maria Stuart? [Ebner-Eschenbach schrieb zu dieser Zeit die Tragödie *Maria Stuart in Schottland.*]
Marie beabsichtigt, wie sie schreibt, Wien am übernächsten Tag zu verlassen und zu Jetty Tunkler nach Klosterbruck zu fahren, für sechs Wochen, ›zum aller Wenigsten‹. Das klingt nicht nach Ferien, sondern nach Asyl, nach einem Urlaub von der Ehe, und so war es wohl auch gedacht: ›– was dann mit mir geschieht, weiß ich nicht.‹ Ganz lapidar heißt es weiter unten: ›Moriz geht nächste Woche nach Venedig, Mutter nach Zdisslawitz‹. Man kann vermuten, aber eben nur: vermuten, dass der Grund für die Erschütterung dem Gatten nicht verborgen geblieben ist. Die obligate Schwiegermutter-Betreuung kündigt Marie Ebner jedenfalls vorerst auf. Einen Tag zuvor hat sie auch an ihre Schwester Fritzi, ohne auf die bewusste Sache einzugehen, geschrieben: ›Ich muß einige Wochen absoluter Ruhe haben, sonst weiß ich nicht was mit mir geschieht. Es sieht übel aus mit meiner Gesundheit. Nur eine zeitlang völligster Pflichtenlosigkeit (...) kann vielleicht heilsam auf mich wirken.‹

Der Freundin stellt Marie einmal mehr ein sommerliches Zusammentreffen in Gresten in Aussicht, zu dem es nicht kommen wird: ›so sprechen wir über die Ereignisse dieser letzten Zeit – schreiben läßt sich darüber nicht, u. ich bitte Dich inständigst mein bestes Herz, lasse die Sache auch in Deinem nächsten Briefe, den ich Dich nach Bruck zu adressiren bitte, unerwähnt.‹ Diese Bitte erfolgt gewiss nicht, weil Marie vor ihrer Vertrauten Jetty [Tunkler] Geheimnisse gehabt hätte. Der Brief Sephines mag aber im Hause Tunkler der Gefahr ausgesetzt gewesen sein, in fremde Hände zu geraten. Auch hat Marie Ebner die Post aus Gresten dort gewöhnlich weitergereicht oder im kleinen Kreis vorgelesen, und es wäre aufgefallen, hätte sie das für diesmal unterlassen.
In ihrem Brief, in dem sie nichts ausspricht und zwischen den Zeilen alles verrät, wendet Marie sich ausdrücklich dem Befinden der Freundin zu – um auf diesem Umweg wieder von sich zu reden und dann doch deutlich zu werden: ›Wenn ich mich an Deine Stelle denke, so mein' ich es müsse etwas Beseligendes darin liegen, so frank u. frei u pflichtenlos sich fühlen – nichts über sich als den Herrn den uns unser eig'ner Wille gesetzt – u zu dieser Freiheit gelangt zu sein, durch die blosse Gunst des Schicksals, ohne verletzte Pflicht, ohne gebrochnen Schwur.‹ Die verletzte Pflicht, das gebrochene Ehegelöbnis ist vor dem Horizont der Schreiberin sichtlich keine ferne Möglichkeit, sondern eine gedankliche Realität. Wie nah Marie Ebner der Grenze zwischen dem imaginierten und dem tatsächlichen Treubruch gekommen ist und ob sie diese gar überschritten hat, bleibt offen. Indes hat sie nirgends so deutlich wie hier gegenüber der ledig gebliebenen Freundin ihre Eheschließung bereut. Sie macht klar: Wäre sie so frei gewesen, dem eigenen Willen gehorchen zu dürfen, dann hätte sie den ungenannten, unbekannten Bewerber um ihre Liebe erhört.« (Strigl 2016, 129f.)

Die Meinungsverschiedenheit bezüglich der biographischen Schlussfolgerungen aus diesem Brief hat aus meiner Sicht etwas mit dem Matronen-Image der Ebner-Eschenbach zu tun, das auch bei jenen Forscherinnen nachzuwirken scheint, die die Dichterin eigentlich davon befreien wollen. Allzu schwer vorstellbar scheint es ihnen, dass es bei der stets Besonnenen, Vernünftigen, unspektakulär Lebenden auch ein Mal um die »Meeresstille der Seele«, wie die Stoiker das nannten, geschehen war.
Dies als Beispiel dafür, wie man auch bei einer Autorin, die viele ihrer Lebensspuren verwischt hat (das Tagebuch dieses Jahres ist, zufällig oder nicht, verschollen), auf eine neue Facette stoßen kann; zugegeben, nur ein Indiz, kein Beweis, aber für eine Lebensgeschichte – und auch für eine Werkgeschichte – natürlich höchst relevant.

Die zweite kleine Anekdote betrifft Marlen Haushofer und ihre Scheidung in den fünfziger Jahren. Ich habe mich für die Arbeit an meiner Biographie bei der Nachlassverwalterin nach den Scheidungspapieren erkundigt. Sie nannte mir eine Jahreszahl und meinte, es sei nicht nötig, diese anhand von Dokumenten nachzuprüfen; sie habe sie von ihrem Mann, ich möge die »nehmen«, das sei schon in Ordnung. Wie das so ist: Wenn man eine Abfuhr erhält, verbeißt man sich erst recht in die Sache. Ich habe meinen Vater darauf angesetzt, der als Anwalt den Scheidungsakt Haushofer vom Bezirksgericht Steyr in Kopie erhielt – buchstäblich in letzter Minute vor der Skartierung, die fünfzig Jahre nach dem Verfahren des Jahres 1950 routinemäßig erfolgen sollte.
Aus dem Akt ging nicht nur hervor, dass Dr. Haushofer gegenüber seiner zweiten Frau ein falsches (späteres) Scheidungsjahr angegeben hatte, er enthielt auch sonst peinliche Details. Zum Beispiel die Behauptung des Ehegatten, seine (wesentlich kleinere und zartere) Frau habe ihn misshandelt,

ihm die Schlüssel entrissen und ihn aus der gemeinsamen Wohnung ausgesperrt. Ihren verstorbenen Mann als lächerliche Figur dargestellt zu sehen war für die Nachlassverwalterin, deren Sorge scheinbar vor allem »Marlens« gutem Ruf galt, kaum erträglich. So wird man als Biographin vor nicht allzu langer Zeit verstorbener Personen häufig nicht mit sachlichen, sondern mit psychologischen Hindernissen und Brandherden konfrontiert. Da nach deutscher Gesetzeslage der Persönlichkeitsschutz auch postum wirksam ist, konnte die Nachlassverwalterin dem deutschen Verlag mit einer einstweiligen Verfügung drohen, sollten die Zitate aus dem Scheidungsakt im Buch verbleiben. So wurden drei Seiten aus den Druckfahnen gestrichen, und in der Biographie hieß es dann lediglich:

»An einem Junitag des Jahres 1950 begibt sich das Ehepaar Haushofer mit dem siebenjährigen Manfred in die Steyrer Innenstadt und lässt ihn in einem Café am Hauptplatz zurück. Sie hätten, heißt es, bei Gericht zu tun. Erst Jahre später sollte Manfred im Internat von Mitschülern erfahren, daß seine Eltern sich in jener halben Stunde, die er im Kaffeehaus auf sie wartete, scheiden ließen.
Eskaliert war der Zwist zwischen den Ehepartnern wegen einer Frau, zu der Manfred Haushofer nach Marlens Überzeugung seit einiger Zeit eine außereheliche Beziehung unterhielt. Da Derartiges nicht zum ersten Mal vorkam und sich im Kreise der ›oberen Tausend‹ von Steyr schwerlich verheimlichen ließ, fühlte sich Marlen Haushofer nicht nur gekränkt, sondern auch bloßgestellt.
Nach gut achteinhalb Jahren Ehe wurde Marlen am 24. Juni 1950 aus dem Verschulden von Manfred Haushofer geschieden. In ihrem Leben änderte sich jedoch nichts. Weder zog ihr Mann, wie ursprünglich von ihr verlangt, aus der gemeinsamen Wohnung aus, noch suchte sie sich mit ihren Kindern

eine neue Bleibe. Ihr Bruder Rudolf versuchte sie dazu zu überreden, nach einer kurzen Übergangsfrist nach Wien zu übersiedeln und dort, mit Unterstützung der Wiener Freunde, neu anzufangen. Marlen stimmte prinzipiell zu, schob jedoch den Auszugstermin immer weiter vor sich her, bis der ›Aufbruch zu neuen Ufern‹ endgültig im alltäglichen ›Fortwursteln‹ versandete. Nach wie vor glaubte sie, ihrem Ex-Mann Rücksichtnahme und Unterstützung bei seinem beruflichen Fortkommen zu schulden. Also versorgte sie weiterhin den gemeinsamen Haushalt und betreute die Kinder, als sei nichts geschehen, half weiterhin, selbstverständlich ohne Entgelt, in der Ordination ihres geschiedenen Mannes mit. Niemand in Steyr erfuhr von dem Geheimnis der beiden. Auch in Marlens Wiener Bekanntenkreis sickerte die Geschichte von der Scheidung der vermeintlich biederen Steyrer Bürgersfrau erst Jahre später durch.« (Strigl 2012, 172f.)

Acht Jahre nach der Scheidung hat Marlen Haushofer ihren geschiedenen Mann ein zweites Mal – und wiederum heimlich – geheiratet, ohne, abgesehen von ihren Wien-Ausflügen, jemals getrennt von ihm gelebt zu haben.
Die aus rechtlichen Gründen eliminierten drei Seiten meiner Haushofer-Biographie habe ich dann, weil ich mich ungern mundtot machen lasse, in der Zeitschrift *Wespennest* publiziert. (Strigl 2000) Nun verstehen Sie, wieso ich gemeint habe, dass es den beiden Autorinnen wahrscheinlich nicht recht gewesen wäre, mit welcher detektivischen Hartnäckigkeit ich mich mit ihren nichtliterarischen Lebensäußerungen befasst habe.

Zum Beispiel die Anfänge: zwei Geburtserzählungen

An ihre Mutter hatte Marie von Ebner-Eschenbach keine Erinnerung: Diese starb neunzehn Tage nach Maries Geburt, vermutlich an einem Schlaganfall. Dabei war die Entbindung im Schloss des mährischen Dorfes Zdislawitz (Zdislavice), »dießmal leicht und glücklich« gewesen, wie sich Maries Cousin Moriz, damals ein fünfzehnjähriger Schüler, später erinnert. Ein Mädchen wurde am 13. September 1830 geboren und noch am selben Tag nach seiner Mutter Marie getauft, Maria Josepha Johanna Nep. (für Nepomuk), um genau zu sein. »Das Wochenbett verlief in vollkommener Regelmäßigkeit«, und als der Schüler am Ende der Ferien im Alkoven-Zimmer Abschied nimmt, sind alle guter Dinge: »In ihrem Körbchen lag dort die kleine Neugeborene neben dem Bette ihrer Mutter. Wie freuten wir uns über beider Wohlergehen […].« Doch kaum nach Wien zurückgekehrt, erfährt Moriz vom Tod seiner Tante Marie: »Scheinbar in vollem Wohlbefinden, scherzend noch mit ihrem Manne, sank sie plötzlich vom Schlage gerührt darnieder und war mit 29 Jahren eine Leiche.«

Die kleine Marie verlebte ihre ersten Wochen und Monate in einem Haus der Trauer. Ihr Vater war untröstlich, wollte sich erschießen und hätte das auch getan, hätte nicht ein zufällig eintretender Verwandter ihm die Pistole entrissen. »Aus allen meinen Himmeln geworfen«, bedauert er wenig später in einem Brief an seine Schwester, nicht anstelle seiner Frau gestorben zu sein, »da für meine armen Kinder der Verlust des Vaters gegen jenen einer solchen Mutter, wie meine Marie war«, leichter zu verwinden gewesen wäre. Die (Stief-)Mutter der Verstorbenen übernimmt die Obhut über die Neugeborene und die vierzehn Monate ältere Tochter Friederike. Das Wiedersehen mit der Familie in deren

Wiener Winterquartier empfindet Cousin Moriz als überaus traurig, nicht minder die folgenden Sommerferien auf Schloss Zdislawitz ohne die Schlossherrin, ihm scheinen die kleinen Halbwaisen für alle »mehr eine Sorge als eine Freude«. Bei der Geburt war Marie schwächlich gewesen. »Mit unsäglicher Mühe aufgezogen«, heißt es über ihr literarisches Alter Ego, »erholte sich das kleine Mädchen allmählich und wurde nach und nach, wenn auch nicht so schön und blühend, doch so kräftig wie ihre ältere Schwester.« [...]

Insbesondere in und um Zdislawitz waren sich die Hausleute, die Beamten, Bauern, Arbeiter und Gärtner, einig in Marie Dubskys Lob, ja, sie genoss geradezu den Ruf einer Heiligen. Bei ihrem Begräbnis schlugen sich die Dörfler buchstäblich um die Ehre, ihren Sarg tragen zu dürfen. Für Friederike und Marie war ihre Mutter insofern eine Engelsgestalt, als man ihnen erzählte, die Verstorbene würde als »ein zweiter Schutzengel« über sie wachen; das »Bewußtsein ihrer Nähe« tröstete die kleine Marie und erfüllte sie mit einer »geheimnisvollen Glückseligkeit«. Dabei mussten die Kinder sich die Lichtgestalt ihrer Mutter nicht als unsichtbares Geistwesen vorstellen: Im Wiener Schlafzimmer von Großmutter Vockel hing ein Portrait Marie Dubskys von Karl Agricola. Täglich sahen die Mädchen das »liebliche Gesicht«, die braunen Augen, »aufmerksam und klug, und aus ihnen leuchtet das milde Licht eines Geistes so klar wie tief«. [...]

Wie viele adelige Gutsbesitzer pflegte die Familie Dubsky die Winter in Wien zu verbringen und im Vorfrühling aufs Land zu ziehen, wo man bis in den Spätherbst hinein blieb. Die Reise nach Zdislawitz mit der Postkutsche dauerte in Marie Dubskys Kindheit eineinhalb, bei schlechtem Wetter zwei Tage, die Kinder genossen sie freilich als Abenteuer und »befugte« Freizeit und sorgten dafür, dass in den bereitgestellten Koffern schon Tage vor der Abfahrt zuallererst ihre Schulbücher verschwanden. Sie freuten sich auf die Fahrt über Land und durch die Dörfer, auf die »schmetternden Fanfaren« des Postillons (der fürs Posthornblasen ein Extra-Trinkgeld bekam), auf das Übernachten im Gasthof und natürlich auf die Ankunft im Schloss. Das Stück von der letzten Poststation bis Zdislawitz fuhr man mit drei vierspännigen Reisewagen, es war ein nobler Auftritt. Im Schlosshof drängten sich Dorf-Honoratioren, Gutsbeamte und Bedienstete zum Empfang der Herrschaft: »war das ein Willkommrufen und ein Händeschütteln und ein Versichern, man hätte die Stunde, die uns wiederbringen sollte, kaum erwarten können!« Zdislawitz (auch Zdisslawitz oder Zdißlawitz geschrieben), auf einer Anhöhe nahe der Bischofsstadt Kremsier (Kroměříž) gelegen, war für Marie von Ebner-Eschenbach nicht einfach die Stätte ihrer Geburt und ihrer Kindheit – es blieb vielmehr ihr Leben lang Sehnsuchtsort und Refugium, geheimnisvoller Kraftquell und Ankerplatz ihrer Identität.

Daniela Strigl: *»Berühmt sein ist nichts.« Marie von Ebner-Eschenbach. Eine Biographie.* Salzburg, Wien: Residenz 2016, 27–30, 34

Am 11. April 1920 um vier Uhr früh freute sich das Försterehepaar Heinrich und Maria Frauendorfer in Frauenstein, Oberösterreich, über die Geburt einer Tochter. Gleich am nächsten Tag wurde das Mädchen in der Dorfkirche auf den Namen Maria Helene römisch-katholisch getauft. Die Eltern hatten erst ein Jahr zuvor geheiratet und das Forsthaus im Effertsbachtal bezogen. Heinrich Frauendorfer (1888–1970) stammte aus der rund vierzig Kilometer entfernten Bezirksstadt Steyr. Er hatte die berühmte Forstschule im böhmischen Budweis absolviert, dann den dreijährigen Dienst in der k.u.k. Armee abgeleistet und schließlich vier Jahre an den Weltkriegsfronten in Rußland und Südtirol gedient. Seine Frau Maria (1891–1974), geborene Leitner, war die Tochter eines Försters in St. Ulrich bei Steyr, der auch eine größere Viehwirtschaft betrieb. Nach dem Besuch einer Hauswirtschaftsschule in Niederösterreich sollte die junge Maria Leitner nach dem Willen des Vaters auf dem elterlichen Hof den Haushalt führen. Sie weigerte sich jedoch und trat auf Vermittlung von Bekannten als Kammerzofe in den Dienst einer Gräfin Colloredo, die sie auf ausgedehnten Reisen nach Frankreich und Italien begleitete. Mit Kriegsausbruch 1914 begann sie in der »Steyr«-Waffenfabrik zu arbeiten.

Das Effertsbachtal, in dem sich das junge Ehepaar ein Jahr nach Kriegsende ansiedelte, erstreckt sich am Fuße des Sengsengebirges in fünfhundert Metern Höhe, eine halbe Stunde Fußmarsch vom winzigen Wallfahrtsort Frauenstein entfernt, dessen Kirche für ihre gotische Schutzmantelmadonna bekannt ist. Es ist ein enges Tal, in das von November bis März kein Sonnenstrahl fällt. Das Gebiet im südöstlichen Oberösterreich, nahe der Gabelung von Steyr- und Kremstal, gehört zur nur verstreut besiedelten Gemeinde Molln, die seit Jahrhunderten für ihre Maultrommeln berühmt ist. Das Steyrtal liegt am Rand der sogenannten Eisenwurzen, einer traditionsreichen Region, die bis ins Niederösterreichische reicht und die historisch von der Eisenverarbeitung geprägt ist, von Hammerherren, Messer-, Nagel- und Sensenschmieden. [...]

Für Marlen Haushofer war das Forsthaus in Effertsbach zeit ihres Lebens der Inbegriff eines Zuhauses und kindlicher Geborgenheit. So gab sie der ersten Fassung ihres Kindheitsromans, der später *Himmel, der nirgendwo endet* heißen sollte, den Titel *Das Haus* und begann ihre Erzählung mit einem Wiedersehen an einem heißen Julitag: Das Haus, das sie sich als lebendiges Wesen vorstellt, habe sie »nicht erkannt«. Es sei kein besonders gemütliches Haus gewesen, weshalb sie wohl später auch eine Vorliebe für ungemütliche Wohnungen entwickelt habe. Es war für sie »einfach ›das Haus‹«, ja im Grunde »das einzige Haus auf der Welt« – und nirgendwo anders habe sie sich je zu Hause gefühlt. […]

»Maria Helene im rauschenden Tal / sei gegrüßt mir vieltausendmal!« So freudig wurde das Neugeborene von seinem Onkel Sepp Frauendorfer willkommen geheißen, der ihm zu Ehren elf zweizeilige Strophen dichtete. Es ist ein »reizendes Kind«, das da besungen wird, ein Kind, das im Traum lacht: »Da träumst Du von Hexen und lieblichen Feen, / die kosen, scherzen und wiegen Dich schön. // Maria Helene, wie zart und wie fein, / Deine Träume mögen immer so sein!« Die (nachempfundenen) Erinnerungen der erwachsenen Marlen Haushofer an ihre früheste Kindheit sind hingegen von Anfang an zwiespältig. Der Ansturm vielfältiger Sinneseindrücke wirkt auf das kleine Mädchen schön und schmerzhaft zugleich, die Welt ist ein »großes Durcheinander«, das bewältigt werden will: »Steinchen für Steinchen setzt sie aneinander, aber selten wird etwas Rundes daraus. Wenn sie die Welt einfach auffressen könnte, wäre sie aller Bedrängnis enthoben.« Die kleine Meta/Marlen durchlebt ihre orale Phase mit großer Intensität: Sie verspürt den Drang, alles, was sie liebt, zu verschlucken und zu zerbeißen, aber gerade die schönsten Dinge halten nichts aus. Jahrzehnte später wird Marlen Haushofer ihr Schreiben als einen Ausweg aus diesem Dilemma erklären: als eine Form, sich die Dinge anzueignen, ohne sie zu zerstören.

Daniela Strigl: *»Wahrscheinlich bin ich verrückt …« Marlen Haushofer – die Biographie.* Berlin: List-Ullstein 2012, 17f., 22, 24f.

Aus der Diskussion:

Der Theorie zum Trotz

Ich habe meine Biographien nicht aus Trotz geschrieben, um zu zeigen, dass es zwar theoretisch unmöglich ist, aber praktisch kein Problem. Ich bin draufgekommen, dass es selbst in der Theorie alle möglichen Hintertürln gibt. Auch Roland Barthes hat sich die Geschichte mit den »Biographemen« ausgedacht, wo man sozusagen ein Leben in Lebenssplittern erzählen darf. Und er hat gesagt, er hätte nichts dagegen, wenn jemand sich die Mühe machen würde, sein, Barthes', Leben so zu erzählen, also besondere Neigungen, Vorlieben, Idiosynkrasien darzustellen. Ich glaube, man kommt darum nicht herum, selbst wenn man versucht, diese theoretischen Verbotsschilder ernst zu nehmen. Bei mir war es eigentlich anders, ich hatte bei beiden Büchern überhaupt keine Zeit, mir solche Gedanken zu machen. Es war nicht Trotz, es war eine Notwendigkeit, irgendwann mit dem Schreiben anzufangen. Außerdem ist es mir irgendwie billig vorgekommen, mir etwas Spezielles auszudenken, quasi damit das jetzt besonders originell ist, für die Kollegen aus der Germanistik oder für die Skeptiker des Biographischen oder wie auch immer. Wie gesagt, bei der Ebner-Eschenbach ist es so: Das ist eine Dichterin, die so viel Staub angesetzt hat. Wenn man über sie eine Biographie schreibt, die es den Lesern extra schwer macht, sodass sie sich aus irgendwelchen Puzzlesteinen und Biographemen ein Leben zusammensetzen müssen, das ich ihnen ja auch einfach erzählen könnte, wenn ich das Material dazu habe, dann wäre das schade, weil so einfach weniger Interesse geweckt wird. Und natürlich hat man, wenn man eine Biographie über Schriftsteller schreibt, ein gewisses missionarisches Interesse daran, dass man damit Leser infiziert bzw. dass da der Funke des Interesses am Werk überspringt.

Nach der männlichen Fasson

Es ist nicht so, dass ich die Ebner-Eschenbach »vermännlicht« habe, damit sie in die traditionelle Form biographischer Narration passt, wie sie etwa Anne-Kathrin Reulecke beschrieben hat (s. S. 19). Ebner-Eschenbach hat sich selbst vermännlicht. Das war für sie die einzige Möglichkeit, als Autorin den Fuß in die Tür zu bekommen. Zunächst hat sie sich ja buchstäblich vermännlicht. Sie wollte ursprünglich Dramatikerin werden. Sie hat zu früh zu viel Schiller gelesen, und der hat sich irgendwie persönlichkeitsbildend ausgewirkt. Sie hat ihre Theaterstücke, z.B. *Maria Stuart in Schottland*, an alle möglichen Intendanten im deutschen Sprachraum geschickt, unter »M. Ebner-Eschenbach«, und alle haben gedacht, das ist ein Mann. Es hat erfolgreiche Theaterautorinnen gegeben, aber die haben Komödien geschrieben, Tragödien oder historische Stoffe hat man von Frauen nicht erwartet und ihnen nicht zugetraut. Und dann ist das Stück am Hoftheater in Karlsruhe angenommen worden, und der Intendant Eduard Devrient ist draufgekommen, dass das eine Frau ist. Das Stück wurde trotzdem aufgeführt, aber bei der Kritik hatte sie einen doppelten Nachteil. Bei den Aufführungen am Burgtheater, als durchgesickert ist, dass das nicht nur eine Frau ist, sondern noch dazu eine Gräfin sein soll, hat Ebner-Eschenbach auch noch die Vorurteile gegen schreibende adelige Frauen, die in der bürgerlich-liberalen Presse kursiert sind, zu spüren bekommen. Sie hat keine Wahl gehabt. Sie musste die Bühne als Mann betreten, sozusagen, und als dann allen klar war, dass sie eine Frau ist, hat sie nicht locker gelassen. Der nächste Karriereschritt war, mit den Aphorismen auf den Markt zu kommen und sich neben Nietzsche zu behaupten. Sie wollte, wie Annette von Droste-Hülshoff, keine Behandlung mit Glacéhandschuhen, sondern sich auf diesem Feld durch Leistung behaupten. Wenn man sich anschaut, wie noch Bachmann oder Haushofer oder auch Jelinek formuliert haben: Die haben von sich immer als »der Schriftsteller« gesprochen. Frauenliteratur, das ist für viele Ghettoliteratur, »weiche« Themen, »weiche« Texte, Literatur zweiter Güte. Diese Vorstellung war im 19. Jahrhundert, wo es doch sehr viele Unterhaltungsromane von Frauen gab, noch mehr verfestigt.

Der halbseidene Georg Groddeck

An Georg Groddecks psychoanalytischem Ansatz hat mir vielleicht gerade dieses Halbseidene gut gefallen. Er nennt sich einen »wilden Analytiker«. Ich finde, das passt gut, weil er eigentlich auch ein literarischer Autor ist. Und bei Ebner-Eschenbach war es so, dass die Hindernisse ihres Schreibens nicht nur familiäre Widerstände waren, sondern das waren auch körperliche, gesundheitliche Beschwerden, wobei es da einen Zusammenhang geben mag. Sie hatte jahrzehntelang Migräne und sogenannte Gesichtsschmerzen, wahrscheinlich eine Trigeminus-Neuralgie, also extrem starke Schmerzen, von denen sie sich dennoch nicht vom Schreiben abhalten ließ. Sie war wirklich eine chronische Schmerzpatientin. Da hat es mich im Zusammenhang mit ihrem so gründlichen Verschweigen von allen Dingen, die mit Erotik zu tun haben, gereizt herauszufinden, was man da mit Groddeck lesen kann. Es fällt einfach auf – nicht nur ihre Ablehnung gegenüber der jüngeren Generation, Schnitzler, Bahr, Salten und so weiter, gegenüber deren Thematisierung des Sinnlichen, sondern auch in ihren Tagebüchern. Wenn sie die Charlotte Wolter in einem Grillparzer-Stück sieht, schreibt sie etwas Positives über das Stück und dann: »Die Wolter schrecklich sinnlich«. Immer wieder kommt das als Menetekel, und das ist so auffällig, dass ich mir gedacht habe, man kann ihr nicht den Gefallen tun, das zu ignorieren.

Sinnstiftung als Lebenshilfe

Es gibt naturwissenschaftliche Untersuchungen darüber, dass es eigentlich ein evolutionärer Vorteil des Menschen ist, das Erzählen verwerten zu können. Man erzählt einander Geschichten, die das Leben erleichtern. Weil in den Geschichten Dinge, Erfahrungen drinnen stecken, die man bei der nächsten Gelegenheit verwertet, wenn's ums Überleben geht. Das wäre die evolutionäre Rechtfertigung des Erzählens. Ich glaube, dass ein positivistischer Ansatz, also viel zu sammeln und daraus dann etwas abzulesen, mir fremd ist, aber dass das Erzählen von Leben – und damit ist natürlich automatisch eine Sinnstiftung verbunden –, dass damit ein Humanum hochgehalten wird, um das es letztlich auch in der Literatur geht. Wenn man sich mit Literatur beschäftigt, tut man das ja nicht wegen naturwissenschaftlicher Erkenntnisse, sondern weil man sich in den Spiegel schaut. Und eine Biographie ist in besonderem Maße ein In-den-Spiegel-Schauen. Das Gesetz der Kreativität ist dabei interessant, das kann man wohl nur individuell ergründen. Da kam nach einer Lesung von Susi Nicoletti aus der Haushofer-Biographie einmal eine Dame zu mir und sagte, wie interessant sie das gefunden habe, und ich frage: Lesen Sie jetzt auch *Die Wand*? Und sie sagt, nein, ich lese nur Biographien, ich lese nie irgendwelche literarischen Texte. So kann man sich auch spezialisieren.

Musterbiographien

Die Biographien von Rüdiger Safranski habe ich spannend gefunden. Jeder Mensch, der schreibt, hat sein Muster, mir ist das bei mir selbst nur nicht bewusst. Die Art, wie man schreibt, hat mit der Art zu tun, wie man liest, oder mit dem, was einen an fremden Lebensgeschichten interessiert oder wie man die Wechselwirkung wahrnimmt, zwischen der Fiktion, die diese Frauen geschrieben, und dem Leben, das sie gelebt haben. Mir fallen z.B. die Kafka-Biographien von Rainer Stach ein, das ist einfach ein anderer Zugang, der in manchen Szenen mehr ins Romanhafte geht. Das habe ich nicht versucht. Eine Art Biographieroman wollte ich nicht schreiben. Es sollte schon eine gewisse Distanz zum Gegenstand geben, diese Deutungshoheit, die kann man nicht abtreten, mit der muss man leben. Man kann nicht so tun, als würde man nicht deuten oder urteilen.

Biographien sind zwar keine mündlichen Erzählungen, sondern beruhen auf Schriftzeugnissen, aber es gibt doch eine Art »natürlichen« Impuls. Würde man gefragt werden, wie eine bestimmte Person gelebt hat, würde man doch irgendwie zusammenhängend erzählen. Man könnte einwenden, wenn man's rein anekdotisch anlegt, kann man auch so erzählen. Und gegen eine anekdotische Erzählung ist natürlich auch nichts zu sagen.

Der Kaiser

Mit der Verleihung des Ehrenzeichens durch Franz Joseph habe ich begonnen, weil ich einerseits gleich im Prolog zeigen wollte, wessen Geschichte ich da erzähle, wie hoch oben Marie von Ebner-Eschenbach stand, in der Literatur, im Kanon, in der gesellschaftlichen Anerkennung der Zeit. Sie wurde vom Kaiser empfangen, und der war ja ihr Jahrgangskollege. Ich wollte andererseits auch ihr Fixiertsein auf ihn zeigen – obwohl sie als junge Frau 1848 eine revolutionär gesinnte Adelige war, hat sie doch immer geschaut: Was macht der Kaiser, wie ergeht es ihm?

II
KRITIK

Ob ich gleich weiß, daß sehr viele Rezensenten die Bücher nicht lesen, die sie so musterhaft rezensieren, so sehe ich doch nicht ein, was es schaden kann, wenn man das Buch liest, das man rezensieren soll.

Georg Christoph Lichtenberg

1. Kritik in der Dauerkrise

Beginnen wir mit einem Stück Literatur:

»Frau Cäsarine Denker befand sich in gemischter Stimmung. Sie hatte eben zwei Rezensionen über ihren letzten Roman gelesen.
In der ersten verwahrte sich der Kritiker gegen die Zumutung, ein Beschützer ›weiblicher Federn‹ zu sein. Wenn aber auch noch keine Frau in der Literatur etwas Hervorragendes geleistet habe, die Denker bilde jene Ausnahme, die zur Bestätigung der Regel durchaus notwendig erschiene. Ihr Buch sei, abgesehen von der ergötzlich naiven Rolle, die der Zufall darin spiele und von mehreren Unmöglichkeiten, beinahe so gut, wie wenn ein Mann es geschrieben hätte. Übrigens rügte der Beurteiler die Wahl des heiklen Stoffes und den Mangel an Ernst und Fleiß, der sich in der ziemlich saloppen Ausführung des an Erfindung beinahe zu reichen Romanes unangenehm fühlbar mache.
In der Einleitung zur zweiten Rezension wurde ungefähr derselbe Gedankengang verfolgt, wie in der Einleitung zur ersten.

Sodann begründete ihr Verfasser seine Anteilnahme an dem ›Denkerschen Buche‹ durch den netten Stil, der es auszeichnete. Die Erfindungsgabe der Frauen ist bekanntlich keine Potenz, mit der man zu rechnen braucht, doch besitzen sie fast durchwegs Talent zu minutiösem Fleiße, und hat sich dasselbe von alters her in der Anfertigung von feinen Stickereien, Klöppeleien usw. bekundet. Das jüngste ›Denkersche Buch‹ sei eine solche recht sauber ausgeführte weibliche Handarbeit, und verdiene wohl der in ihr herrschenden sittlichen Strenge wegen, der ›höheren Tochter‹ zur Ferienlektüre empfohlen zu werden. Cäsarine las diese Rezensionen zum zweiten Male mit gleicher Frische der Empfindung wie das erste Mal durch.
Ich könnte mich kränken, dachte sie, wenn ich aus dem Urteile zweier Kenner nur den Tadel, und mich freuen, wenn ich nur das Lob heraussuchte. Kränkung oder Freude, ich habe die Wahl.« (Ebner-Eschenbach 2015, 97)

Dieses hintersinnige Stück Prosa stammt aus der Erzählung *Die Visite*, diese wiederum aus dem Jahr 1901 und von Marie von Ebner-Eschenbach. Wir sehen, dass der Ruf der Literaturkritik schon vor gut hundert Jahren nicht der beste war: Die Herren sprechen über dasselbe Buch und kommen in einzelnen Punkten zu einander diametral widersprechenden Urteilen, was aber nicht ausschließt, dass sie im Tenor herablassend patriarchalen Wohlwollens übereinstimmen. Die Frau, die hier scheinbar sittsam referiert, durchschaut sie freilich völlig. Mitnichten hält sie die Kunstrichter für »zwei Kenner«. Die Ironie erweist sich als Waffe des Opfers gegen den Kritiker. Die Autorin macht ihm die Herrschaft über die Literatur oder jedenfalls ihre Bewertung streitig. Ebner-Eschenbach glaubt an ihren Sieg über die zitierten Tröpfe, sonst hätte sie ihr Alter ego, das als Provokation der männlichen Leserschaft »Denker« heißt, nicht auch noch mit dem Vornamen Cäsarine bedacht.

Erlauben Sie mir einen Ausflug in die noch fernere Vergangenheit, ins 19. Jahrhundert, genauer in das Jahr 1858: Da veröffentlichte Marie von Ebner-Eschenbach ihren Erstling *Aus Franzensbad*, sicherheitshalber anonym, denn es waren ziemlich freche satirische Badebriefe. Eine adelige junge Dame schreibt ihrem Arzt, zum Beispiel über den deutschen Literarhistoriker- und Kritikerpapst Georg Gottfried Gervinus, der zu Gericht sitzt »über das Dichtervolk, – groß im Verurteilen, größer im Ignorieren«. Und sie phantasiert sich in ihrem Übermut in Gervinus' »Morgenaudienz« hinein – wobei vorausgeschickt sei, dass Friedrich Hebbel damals seit zwanzig Jahren in Wien lebte:

»*Zeus Gervinus (allein):* Es klopft! Wer ist's? –
Eine Stimme (draußen): Die österreichische Muse bittet um gnädiges Gehör.
Zeus Gervinus: Kenne keine österreichische Muse.
Österreichische Muse (tritt ein und beugt das Knie): Lerne mich kennen, Großer, Unfehlbarer, Allwissender!
Zeus Gervinus: Ich lerne nicht mehr, ich lehre.
Österreichische Muse: Wolle Dein Angesicht zu mir wenden, auch ich habe unsterbliche Söhne geboren.
Zeus Gervinus: Bäuerle und Nestroy meinest Du? Ihrer habe ich würdig gedacht.
Österreichische Muse: O Herr! Herr! – Noch leben Grillparzer und Halm, auch leben Heb…
Zeus Gervinus: Nicht für mich.«
(Ebner-Eschenbach 2014, 55)

Ebner-Eschenbachs Briefschreiberin bekennt in weiterer Folge, dass sie Kritikerin werden möchte. Warum? »Weil ich einen unbesiegbaren Drang zum Herrschen in mir verspüre. Weil ich regieren will, um jeden Preis, unumschränkt und despotisch.« –

»Leider ist die Despotie aus der Mode gekommen, die Kaiser, Könige und Fürsten haben sie längst aufgegeben, sie sind nicht mehr das Erste in ihren Reichen, über ihnen steht das Gesetz. Ich aber will selber das Gesetz sein, und die eminent-diktatorisch-tyrannische Stellung, derer ich bedarf, um mich zufriedenzugeben, ist die eines Kunstkritikers – in unseren Tagen die einzige unumschränkte der Welt [...]. Das fürstliche: Wir – wer darf es führen? Die Regenten und die Rezensenten. Bei jenen bedeutet es: ›Ich – und meine Minister.‹ Bei diesen: ›Ich – und die Ästhetik.‹« (Ebner-Eschenbach 2014, 56)

Heute hat der Kritiker womöglich gar kein majestätisches Naheverhältnis zur Ästhetik mehr, weil er vollauf damit beschäftigt ist, Trends zu erkennen, zu erfinden und zu verwalten. Aber er hat andererseits auch keine »unumschränkte« Macht mehr, und das ist gut so.

Es ist also nicht alles schlechter geworden seit den Tagen des Königs Gervinus und des Erlkönigs Reich-Ranicki. Als Ebner-Eschenbach ihr Unbehagen an »den Urteilen einer oft sehr unbefugten, sehr mittelmäßigen, in den meisten Fällen aber unbarmherzigen Kritik« aussprach (Ebner-Eschenbach 2014, 56), da hatte sie selbst noch gar keine unliebsamen Erfahrungen damit gemacht – später sollte sie ein Opfer der damals berüchtigten, nämlich berüchtigt voreingenommenen und korrupten Wiener Theaterkritik werden. Der Wiener Kritik ist es gelungen, die Dramatikerin Ebner-Eschenbach zu verhindern. Die Dichterin konnte sie nicht verhindern.

Sie sehen, der historische Rückblick hat durchaus etwas Tröstliches. Man lässt die Skandale und Fehden von früher Revue passieren und denkt sich: Das gibt sich alles. Zeitungskrise, E-Book, Content, Depression, Emphase, Shortlist, Longlist, Literarisches Quartett, das gibt sich. Die Literaturkritik wird es überstehen. Die Literatur sowieso.

1883 konstatierte auch Theodor Fontane: »Nichts liegt hier so darnieder wie die Kritik.« (Fontane 1989, 108) Man ist versucht zu sagen: Die Krise der Kritik war immer schon. Aktuell rührt sie nach übereinstimmender Ansicht von Interpreten daher, dass die schöne Literatur in der Welt des Neoliberalismus »aus einem über zweihundert Jahre lang zentralen in einen marginalen Geltungsbereich der Kultur« (Mecklenburg 2000, 533) gerückt und damit zusehends zu einer privaten Angelegenheit geworden ist. Es gibt zwar im Angebot der Medien- und Eventkultur mehr Literatur und Kunst denn je, die herkömmlichen Wertsysteme, in die sie bis heute integriert sind, haben jedoch an Geltung und Verbindlichkeit eingebüßt. Dies ist sozusagen das kulturelle Terrain, auf dem heute die Kritik gedeiht, vielmehr: nicht gedeiht. Der konkrete Befund lautet so oder so ähnlich:

»Die Industrialisierung der Literatur ist wie die aller Künste nahezu vollkommen – Außenseiter haben es sehr, sehr schwer. Was die deutsche Buchkritik anlangt, so ist sie auf einem Tiefstand angelangt, der kaum noch unterboten werden kann. Das Lobgehudel, das sich über die meisten der angekündigten Bücher ergeußt, hat denn auch zur Folge gehabt, daß die Buchkritik kaum noch irgend eine Wirkung hervorruft: das Publikum liest diese dürftig verhüllten Waschzettel überhaupt nicht mehr, und wenn es sie liest, so orientiert es sich nicht an ihnen.« (Tucholsky 1985, 313)

Diese pessimistische Einschätzung des Status quo lieferte Kurt Tucholsky im Jahr 1931. Die Haltbarkeit der Kritikpunkte legt eine gewisse Relativierung der aktuellen Klagen nahe. Lassen wir also das Konzert der Unkenrufe einmal vor dieser historischen Kulisse auf uns wirken: 1962 sagt Walter Höllerer: »Die literarische Kritik in Deutschland befindet sich zur Zeit trotz großer Anstrengungen und einiger guter Einzel-

ergebnisse in einer Sackgasse.« 1975 kündet Bodo Rollka *Vom Elend der Literaturkritik* – der Untertitel seiner Studie lautet *Buchwerbung und Buchbesprechungen in der »Welt am Sonntag«* (es geht um die Verflechtung von Anzeigenverwaltung und Redaktion). 1985 bemängelt Ulrich Greiner, langjähriger Feuilletonchef der *Zeit*, »die totale Beliebigkeit heutiger Literaturkritik.« Der Kritiker Martin Lüdke konstatiert im Jahr 2000: »Der Ruf der Literaturkritik ist miserabel.« Und zwar weil der Unterhaltungswert ständig noch gesteigert und die »Komplexität der Probleme« oft »bis zur Sinnlosigkeit verkürzt« werde. (Zit. in Neuhaus 2004, 30, 20, 23, 77, 79)
Kurzum, um den *Falter*-Kritiker und Träger des Österreichischen Staatspreises für Literaturkritik 2011, Klaus Nüchtern, zu zitieren: Die Lage der Literaturkritik heute ist »stabil apokalyptisch«. (Nüchtern 2007) Vergleicht man die Situation der Kritik mit jener im angelsächsischen Raum, in dem Literaturkritik bei weitem nicht den Platz hat, der ihr im deutschsprachigen eingeräumt wird (auch sind etwa in den amerikanischen Qualitätszeitungen kaum Akademiker am Werk), so gerät man in Versuchung, die Krise der Kritik für eine kritische Strategie zu halten, aus der der Kritiker der Kritik den Distinktionsgewinn eigener Überlegenheit bezieht.

Dazu kommt die immer geringere Wirksamkeit des kritischen Diskurses, die auf den Spuren Tucholskys etwa auch Thomas Steinfeld, Feuilletonleiter der *Süddeutschen Zeitung*, beklagt: »Wir schreiben Kritiken über Bücher, die die Leute nicht lesen.« (Zit. in Neuhaus 2004, 77) Wenn sie überhaupt, möchte man ergänzen, die *Kritiken* lesen. Heute gilt als allgemein bekannt, daß auch sehr gute, prominent plazierte Besprechungen in den großen deutschen und schweizer Feuilletons (wie *F.A.Z.*, *Die Zeit*, *Die Welt*, *NZZ*) eine nur bescheidene Auswirkung auf den Verkaufserfolg der Bücher haben. Hier gibt es Zahlen aus dem Jahr 1988, und es besteht kein Grund anzunehmen, dass sie für die Sache der Literatur heute günstiger aussehen. Im Gegenteil, im Zuge der wirtschaftlichen Zeitungskrise der letzten Jahre wurden Literaturseiten gestrichen. Außerdem ist der professionellen, der gedruckten Literaturkritik durch das Rezensionswesen im Internet eine Art egalitäre Schmutzkonkurrenz erwachsen.

Der Kulturteil einer überregionalen Tageszeitung macht ca. 8–10 % des Blattes aus, davon wiederum 10 % besetzt die Literatur. In der Rangordnung bei den Lesern liegt das Feuilleton an zehnter und vorletzter Stelle (danach kommt nur noch der Fortsetzungsroman). 18 % des Publikums lesen den Kulturteil regelmäßig, 25 % nie. (Vgl. Neuhaus 2004, 132) Eine Empfehlung in der Zeitschrift *Brigitte* bringt da schon wesentlich mehr, unschlagbar effizient sind Tipps im Fernsehen, man denke an das einstige *Literarische Quartett* oder Elke Heidenreichs Sendung *Lesen!*.

Genau diese Nähe zur Buchvermarktung ist für Sigrid Löffler das Hauptproblem des aktuellen Rezensionswesens:

»Statt als Markt-Korrektiv zu wirken und Bücher zu propagieren, die keine Massenbasis haben, helfen sie [die Kritiker] das gnadenlose Mainstreaming des Buchhandels noch zu verstärken, indem sie vorzugsweise Bücher rezensieren, die ohnehin mit allen Mitteln auf den Markt gepusht werden. Ihre Kritiken stehen in einem servilen Verhältnis zu den Verlagen – je größer und mächtiger das Verlagskonglomerat, [...] desto serviler die Rezensionspolitik der Medien.« (Zit. in Neuhaus 2004, 79)

Die Krise der Kritik (wenn es sie denn gibt) ist sicher auch eine Krise ihrer Glaubwürdigkeit. Kurt Tucholsky hat von »dürftig verhüllten Waschzetteln« gesprochen und von »Lobesversicherungsgesellschaften auf Gegenseitigkeit« (Tucholsky 1985, 315). Auch dieses Phänomen lässt sich im gegenwärtigen Literaturbetrieb beobachten, ja, heute macht man sich die Mühe der Verhüllung vielfach gar nicht mehr. Die

Buchbesprechung ist vor allem – aber nicht nur – in den Hochglanzmagazinen vom Buchtipp verdrängt worden, der naturgemäß kein Für und Wider erörtert, sondern eine Kaufempfehlung darstellt. Enthält der Tipp charakterisierende Elemente, so sind diese dem Klappentext entnommen oder klingen so, als wären sie es. Warum sollte das Publikum den Lesetipp nicht als Werbeeinschaltung, also als Kaufappell ohne ernsthaften Wahrheitsanspruch, auffassen, sondern als Empfehlung aus Überzeugung, als kompetenten Ratschlag, dem zu trauen ist? Der Vertrauensgrundsatz im Literaturverkehr funktioniert wohl nach wie vor in einem Wechselspiel aus Tipp und herkömmlicher Rezension. Nur dort, wo auch Raum für die ausführliche Auseinandersetzung ist, kann der Kritiker überhaupt jene Kompetenz gewinnen, die ihn quasi zum Kurzurteil berechtigt. Sigrid Löffler hat in diesem Zusammenhang von einem »fortgesetzten Eiertanz« gesprochen: »Die Buchindustrie möchte, daß der Kritiker für sie Reklame macht, aber als P.R.-Agent ist der Kritiker für sie wertlos.« (Löffler 1999, 37)

2. Nun aber: Persönliches. Und Grundsätzliches

Weil es hier darum geht, Farbe zu bekennen, die eigene Position im Feld auszuloten: Bin ich Kritikerin geworden, weil ich »einen unbesiegbaren Drang zum Herrschen« in mir verspürt habe? Nein, in Wahrheit bin ich auch da hineingerutscht – mit siebzehn oder achtzehn, über einen Leserbrief (eigentlich eine Parodie) an das von Jörg Mauthe gegründete *Wiener Journal.* Obwohl ich andrerseits schon in der Schule wusste, dass ich beruflich etwas machen wollte, das mit Lesen und Schreiben zu tun hatte. Meine erste Rezension galt dann übrigens einer Biographie Albert Camus'. Damals freute ich mich jede Woche auf das *Profil*, weil darin Sigrid Löfflers Analysen und Rezensionen zu lesen waren. Meine Bewunderung war nicht auf eine totale Übereinstimmung unserer literarischen Ansichten gegründet (zum Beispiel wollte ich Sigrid Löfflers Verdikt gegen Thomas Bernhard nie teilen), meine Bewunderung galt einer Auffassung von Kritik, die das zu kritisierende Werk mit Respekt, aber stets selbstbewusst, ja souverän zerlegt und neu zusammensetzt, einer Kritik, die aufräumt im Kopf wie auf dem Papier und die sich in ihrer Form genauso des eisernen Besens zu bedienen weiß wie der feinen Klinge. Löfflers Schärfe hat mir jahrelang den Montag versüßt, hat mir gezeigt, dass das Schreiben über Literatur auch, ja: eine Lust sein kann.

Was also ist eigentlich Kritik? Was sie nicht ist, hat Ebner-Eschenbach in einen zeitlos zutreffenden Aphorismus gefasst: »Es glaube doch nicht jeder, der imstande war, seine Meinung von einem Kunstwerk aufzuschreiben, er habe es kritisiert.« (Ebner-Eschenbach 2015, 112) Meinung, das ist es, was von der Lektüre eines Textes nicht nur bei sogenannten Laienkritikern im Netz meist übrigbleibt. Etwas ist toll, super, spannend, berührend oder langweilig, unverständlich, uninteressant. Überschwängliches Lob da, undifferenzierte Ablehnung dort. Kritik, wahre Kritik – was nicht unbedingt heißt: professionelle Kritik – muss aber zunächst das Kunstwerk in seiner Gestalt nacherschaffen, nachvollziehen. Ich weiß schon, spätestens an dieser Stelle wird der etymologische Gemeinplatz erwartet: Kritik kommt von griechisch »krinein« (κρίνειν), scheiden, unterscheiden. Aber das ist eigentlich erst der zweite Schritt. Zunächst muss ich dem literarischen Text Gerechtigkeit widerfahren lassen, indem ich ihn zu fassen, zu erfassen suche. Kritik im Sinne eines kritischen Urteils wird erst gerechtfertigt durch die hermeneutische Anstrengung, die es den Kritiker kostet, dem Kunstwerk auf Augenhöhe zu begegnen. Kritik blickt immer durch die künstlerische Realisation auf den idealen Entwurf dahinter, sie würdigt ihn mit, selbst dadurch, dass sie ihn verwirft. Kritik erschöpft sich freilich nicht darin, die guten Absichten des Autors zu erkunden, festzuhalten und mit dem Verwirklichten zu verrechnen. Vielmehr erschafft sie, im Sinne Friedrich Schlegels, das Kunstwerk in seiner Totalität erst durch ihre Bemühung. (Vgl. Fetz 1999, 42) Und sie entdeckt das darin gespeicherte Absichtslose, sie zeigt, dass es im besten Fall seinem Schöpfer überlegen ist: »In einem guten Buche stehen mehr Wahrheiten, als sein Verfasser hineinzuschreiben meinte.« (Ebner-Eschenbach 2015, 109) Mag es nun sein, dass der Autor sich Unmögliches oder Verqueres oder seinen Anlagen nicht Gemäßes vorgenommen oder dass er bei der Umsetzung zu inadäquaten Mitteln gegriffen hat – all das kann beim folgenden Vorgang des Unterscheidens und Scheidens erwogen und gewichtet werden, stets aber vor dem Hintergrund des Phantoms des Gelingens.

Wie nun ermisst man die Differenz zwischen Ideal und Wirklichkeit? Was sind die Kriterien? Die bekannte Gretchenfrage an die Kritik lässt sich tatsächlich kaum allgemein und allgemeingültig beantworten. Franz Schuh hat einmal gemeint, es gehe darum, zu untersuchen, ob ein Kunstwerk *Grazie* habe, ob darin die »Balance von Mittel und Zweck der Kommunikation« gelinge, also auch der Schritt vom Sozialen ins Ästhetische. Dass man Geschmack nicht erklären kann, liegt daran, dass ästhetische Urteile auf einer unhintergehbaren »Einheit aus Gefühl und Verstand« basieren. (Schuh 2000, 30, 108)

Wie gelangt der Kritiker zu seinem Geschmacksurteil, das naturgemäß subjektiv, und doch nicht willkürlich ist? Durch Lesen. Geschmack muss gebildet werden. Wie der Weinkenner hunderte Flaschen Bordeaux verkostet haben muss, um über den ihm nun frisch eingeschenkten und zu verkostenden Bordeaux qualifiziert urteilen zu können, so muss der Kritiker hunderte ähnliche Bücher gelesen haben, um diesem einen neuen gerecht werden zu können, durch Vergleich, Einordnung, Abgrenzung, d.h. Definition.

Und wie beim Weintrinken erwirbt man sich die Lektüreerfahrung nicht bloß durch Arbeit, sondern auch durch Vergnügen. Quasi unter der Hand entwickelt sich ein persönlicher Kanon, der mit dem allgemein verbindlichen nur zum Teil deckungsgleich ist und vor dem ein jedes neue Werk seinen Auftritt hat, auf dem Prüfstand steht. Es gibt das Offenkundige, den Schönheitsfehler einer schiefen Metaphorik, eines unplausiblen Handlungsdetails etc., und es gibt die Entdeckung eines versteckten, aber möglicherweise fundamentalen Mangels, eines Webfehlers, der den Text zum Scheitern verurteilt. Nicht immer lässt sich freilich ein Ideales hinter dem Realen ausmachen. Es gibt Bücher, die sich aufplustern, die ihr hohles Nichts hinter einer prächtigen Fassade verbergen; Bücher, die aus der Routine heraus geschaffen sind, die nichts zu sagen haben, das aber wortreich. Die darf, ja muss man dann auch verreißen. Eine von mir geschätzte Kollegin hat mir einmal anvertraut, sie schreibe keine Verrisse, denn das Opfer könnte sich immerhin etwas antun, und dann wäre sie schuld. Mit Verlaub: Da überschätzt sie wohl nicht nur ihre eigene Wichtigkeit, sondern auch die unserer Zunft. So ein Verriss steht ja nicht allein auf weiter Zeitungsflur, meistens werden im Chor der Urteilenden auch Fürsprecher laut, und das ist gut so.

Der in der Sache begründete Verriss ist auch ein Protest gegen die herrschende Kultur des lauwarmen Einverständnisses. Wenn alles irgendwie ganz gut ist, dann heißt das, dass die wirklich herausragenden Leistungen nicht mehr als herausragend wahrgenommen werden. Das wohlfeile Lob des Mittelmaßes ist ungerecht vor allem gegen das grandios Gelungene. Wenn ich hier gegen die allzu zahme Kritik polemisiere, dann nehme ich mich selbst davon nicht aus. Beinahe jedes Stück Literatur hat irgendeinen Aspekt des Geglückten, und es ist verlockend, den um des lieben Friedens willen absolut zu setzen. Eine Kritik, die nicht zahm ist, darf nicht zahnlos, aber sie muss deshalb auch nicht bissig sein. Es gibt eine schlagende Beweiskraft der Argumentation, die ihre Wucht gerade aus der Sachlichkeit bezieht. Ich verhehle aber nicht, dass der Lustgewinn für die Kritikerin beim bissigen Zupakken beträchtlich größer ist. So oder so stimme ich Marcel Reich-Ranicki zu, der zu sagen pflegte: »Die Deutlichkeit ist die Höflichkeit der Kritiker.« (Reich-Ranicki 2009)

Damit sind wir vom Objekt der Kritik zu ihrem Subjekt gelangt. Die Besonderheit der Literaturkritik liegt ja darin, dass sie sich desselben Mediums bedient wie die von ihr kritisierte Kunst: der Sprache.

Von Heinrich Heine stammt eine bekannte Beschreibung des Kritikerstandes, die ein Urteil enthält, das auch heute, namentlich bei den Kritisierten, vorherrscht: »Kritiker – Man könnte von Eunuchen sprechen, die einen Mann verhöhnen, weil er ein buckliges Kind gezeugt hat.« (Zit. in Schuh 2000, 35) Manche Kritiker haben ihre gattungsmäßige Begattungsunfähigkeit bekanntlich überkompensiert. So waren sich Alfred Kerr und Karl Kraus in fast allem uneinig, nur eines war ihnen gemeinsam: die kniende Haltung vor der Sprache, gepaart mit einer gewissen Überheblichkeit gegen ihr Publikum; mitunter auch im Verein mit einem Von-oben-herab-Blick auf die Dichter. Kerr hat überhaupt gleich den Spieß umgedreht: »Dichter haben keine Sprachkraft. Sprachkraft ist in der Kritik.« (Kerr 1917, XVIII) Ein starkes Stück.

Kritik als Kunst, das ist ein ketzerischer Gedanke. Die Kreativität des Kritikers ist überhaupt ein heikles Kapitel. Es gab und gibt Rezensenten, die ihrem Witz, ihrem Drang zum

Originellen die Zügel schießen lassen und ihrer Sprache die akrobatischsten Verrenkungen gestatten, sodass die Kritik zum reinen Selbstzweck wird und über ihren Gegenstand behende hinwegturnt. Wie Kerr das vorgeführt hat, dem ein kulturelles Erlebnis oft genug nur Anlass war, sein reichhaltiges Innenleben vor dem Publikum auszubreiten. Im Extremfall verschwindet so das Kritisierte völlig im »Kritischen«. Ich würde aber doch behaupten: Auch der Eunuch hat ein Recht auf Vergnügen. Solange das Resultat auf irgendeine nachvollziehbare Weise noch zum Kunstwerk Stellung nimmt. Ein erotisches Verhältnis zur Sprache gibt der mitunter aseptischen literaturkritischen Beziehungsarbeit ja doch immerhin Würze. So ärgerlich stilistische Selbstbefriedigung sein mag, das Schlimmste ist doch: Langeweile. Wenn einer sich schreibend mit sich selbst langweilt.

Was mich an der aktuellen kritischen Landschaft stört, ist deshalb im Großen und Ganzen nicht das Über-die-Stränge-Schlagen einzelner Selbstdarsteller, sondern die Übermacht des lustlos Geschriebenen. Sprachlicher Ehrgeiz ist genauso aus der Mode gekommen wie interpretatorische Kühnheit, und man sehnt sich nach den Zeiten eines Hans Weigel oder Friedrich Torberg, die viel ästhetisch und politisch Anstößiges zu sagen hatten – das aber niemals langweilig. Wir alle kennen die gediegene Langeweile vieler Rezensionen an prominenter Stelle, die Vorherrschaft der Inhaltsangabe, der bloßen Nacherzählung, verbrämt durch einige wohlfeile Attribute. Und, um wieder persönlich zu werden, ich kenne das von mir selbst. Ich schreibe ungern einige Besprechungen hintereinander, weil ich merke, dass ich mich in diese bequeme Gediegenheit flüchte und auf Versatzstücke aus dem eigenen, erprobten Fundus zurückgreife. Dann fällt mir etwa auf, dass mir immer wieder dieselben Wörter hineinrutschen, eine Zeitlang war das etwa »bisweilen« oder »indes« oder »listig« (besonders gefährlich sind epitheta ornantia aller Art, beim

Loben geht einem leicht das Vokabular aus), und plötzlich ekelt mich schrecklich vor dem Wort »ironisch«, das bei der Beschreibung fast jeder guten Literatur irgendwie vorkommen muss. Und weil die lähmende Langeweile des Bewährten nach mir greift, versuche ich den Befreiungsschlag, der mit einem Aus-der-Rolle-Fallen verbunden ist, und schreibe, sagen wir, eine Parodie. Aus reiner Notwehr. Und hoffe, dass das Vergnügen, das mir das Schreiben macht, sich irgendwie auch auf den Leser und die Leserin überträgt – und das besprochene Buch das aushält, was mich, andernfalls, von meinem Vergnügen aber auch nicht abhalten würde.

Die solcherart ungehemmte Kreativität des Kritikers, der Kritikerin macht das Produkt manchmal auch schwerer verdaulich. Der Eigen-Sinn kann sich dabei genauso gut im Formalen wie im Gedanklichen entfalten. Friedrich Schlegels Essay *Über die Unverständlichkeit* (vgl. Schlegel 1967) stärkt der Kritikerin den Rücken, wenn sie, was sie selbst nicht vollends versteht, auch nicht als verständlich vorführen will. Das Bekenntnis zum Unverständlichen, zu dem, was an Literatur und Kritik Schwierigkeiten macht, ist aber nicht als Bekenntnis zum Gespreizten und Hochgestochenen oder Verschwommenen misszuverstehen. Es verträgt sich sehr wohl mit dem Bemühen, dort wo man urteilt, deutlich zu sein.

Kritiker sind eitel. Soviel ist bisher klar geworden. Kritikerinnen auch. Das Kritisieren ist Beruf und Berufskrankheit zugleich. Der Kritiker weiß alles besser. Er ist ein Rechthaber, ein Apodiktiker. Und dann hört ihm womöglich gar niemand mehr zu! Das tut weh. Wir alle sind sehr empfindliche Wesen. Wir alle, die wir mit und von Büchern leben, haben Grund genug, unsere Marginalisierung zu beklagen. Was Wunder, wenn die allgemeine Abwertung der schönen Künste am Selbstwertgefühl der Büchermenschen nagt? Persönlich haben wir ohnehin keine Wahl. Wir können uns bloß in Gelassenheit üben. Unser Metier nicht so schrecklich wichtig nehmen.

Vielleicht können wir uns auch, Kerr hat das gemacht, mehr in Nichtliterarisches einmischen. (»Kritiker zu sein ist ein dummer Beruf, wenn man nichts ist, was darüber hinausgeht.« (Kerr 1917, 12)) Wir könnten, warum nicht, Kritik als Sprachkritik verstehen. Die Verkleisterung von Kunst mit marktgängig mehrheitsfähiger Moral aufs Korn nehmen. Das genordete Einheitsdeutsch; die unhinterfragte Übereinkunft; die Ich-bin-auf-der-richtigen-Seite-Pose; die blutleere Rede der politisch Korrekten, grammatisch Inkorrekten, mit sich Zufriedenen. Was man alles nicht sagen darf. Was man alles nicht denken darf.

Und was hilft all das gegen die allgemeine Krise, gegen die Zeitungs- und Annoncenkrise, gegen die Entwicklung auf dem Markt, das elektronische Buch, Google, Amazon? Wohl nichts. Vielleicht tröstet Nestroy: »Der Fortschritt ist halt wie ein neuentdecktes Land; ein blühendes Kolonialsystem an der Küste, das Innere noch Wildnis, Steppe, Prärie. Überhaupt hat der Fortschritt das an sich, daß er viel größer ausschaut, als er wirklich ist.« (Nestroy 1962, 695)

Mir ist Missionarisches durchaus nicht fremd. Wenn es sein muss: Patriotisch-Missionarisches. Es gibt unsichtbare Schranken zwischen den Literaturländern deutscher Zunge, da wie dort kaum bewusst. Debuts werden übersehen, Erfolge auch. Wer da berühmt ist, lockt dort keinen aus dem Ohrensessel. Und vice versa, der Mensch ist faul, der Kritiker ist faul. Die Mühen der Pfadfinderei, des Entdeckens werden durch den Lorbeer der Pioniertat nur allzu selten aufgewogen. Der tote Winkel der Wahrnehmung, hängt er von der Verlagsgröße ab? Von der halbblinden Fernsehberichterstattung? (Der ORF beispielsweise leistet sich, trotz öffentlich-rechtlichem Kulturauftrag, ein Literaturmagazin in seinen Hauptsendern nur quartalsweise.) Liegt es an den bockigen Formen ewiger Avantgarde? Oder an den Themen – der große deutsche, der großdeutsche Roman löst in Österreich und der

Schweiz eher gähnende Erwartung aus, und die DDR ist dort so ziemlich passé, der Balkan hingegen nahe. Dafür nervt die rituelle rotweißrote Selbstzerfleischung den großen Nachbarn schön langsam, wie man hierzulande sagt, also: jetzt aber bald wirklich. Die deutschen Leserinnen und Leser vermag doch eher austriakische Exotik zu locken; der Bastrock unserer Literatur ist die abgrundtiefe Wiener Gemütlichkeit.

Schon ein seltsames Geschäft, die Literaturvermittlung, denke ich. Vor allem vermittle ich doch lesend zwischen dem Buch und mir selbst. Oder vermittelt das Buch zwischen mir und meiner besseren Hälfte?

Manche Bücher sind schwer, andere schlicht nicht vermittelbar. Wieder andere will ich gar nicht vermitteln. Viel lieber entmitteln. Ist es wirklich die Aufgabe der Kritik, zum Lesen guter Bücher zu verführen? Womöglich schwieriger, sperriger, leicht zu übersehender Bücher? Ich glaube schon, und doch hat das Verführen immer ein Moment des verdeckt gewaltsamen Überwindens von Widerstand. Ich darf daran erinnern: Die Literaturkritik ist historisch das Erbe der Aufklärung, im Idealfall geht es ihr um Erkenntnis, sie ist keine Lektürepartnervermittlung.

Deshalb tut ein gewisses Maß an Selbstgenügsamkeit, ja sogar Egoismus beim Kritisieren ganz gut. Letzten Endes ist die Kritikerin eine Leserin, allein mit dem Buch. Und der Impuls, es zu »vermitteln«, ist nicht der vordringlichste im Leseglück. Im Leseunglück schon gar nicht.

Alfred Kerr war da ehrlich, er wußte: Man liest und bespricht Bücher aus egoistischen Motiven. Die Neugier ist ein wesentlicher Antrieb, ein schlafender Hund, er, sie muss geweckt werden. Genau wie der Widerspruch: »Der wahre *criticus*«, sagt Kerr, »verträgt Pole; wünscht Pole« (Kerr 2001, 483); mitunter braucht er auch, finde ich, Mut zur Kleinlichkeit, zur Peinlichkeit. Damit meine ich nicht die Verwechslung

von schönen jungen Autorinnen mit schönen Texten, wie sie meist älteren Kollegen gelegentlich unterläuft. Ich meine die peinliche Rolle des Spielverderbers und Pedanten. Gerechtigkeit und Selbstgerechtigkeit sind ja Geschwister.
Leider kann man nicht alles selber machen. Irgendwann resigniert auch der besserwisserischste Kritiker, wenn er zwischen Text und Autor vermitteln muss – sogar Kerr sieht ein: »Ich kann nicht jedes Stück noch einmal schreiben.« (Kerr 1917, XI) Dass man als Kritiker, namentlich in deutschen Landen, besser beraten ist, nicht erklärtermaßen die Seiten zu wechseln, steht auf einem anderen Blatt. Man kann es freilich halten wie Rainer Moritz, der nebenbei auch noch das Hamburger Literaturhaus leitet, und die eigene Romanproduktion von vornherein als Unterhaltungsliteratur deklarieren. Wendelin Schmidt-Dengler war da konsequenter. Er erzählte mir von einem Roman, den er geschrieben und einige Zeit später aus der Schublade und zur Hand genommen hatte. Er las das Werk und befand es für »fürchterlich schlecht«. – »Da habe ich mir geschworen, nie wieder einen Roman zu schreiben.« Gesagt getan. Und natürlich hat Schmidt-Dengler das Manuskript vernichtet.

3. Was für ein Typ bin ich?

Die Kategorisierung von Kritikern hat Tradition, es ist ein Geschäft, das naturgemäß wiederum von Kritikern betrieben wird, die, wenn sie schon beim Unterscheiden sind, gleich die eigene Zunft unter die Lupe nehmen. 1960 hat Walter Höllerer fünf Kritikertypen ausgemacht – darunter den »Schade, daß-Typ«, den »Darüber-hinaus-Typ« und den »Wie-wir-gezeigt-haben-Typ«. (Zit. in Miller/Stolz 2002, 7ff.) 1996 unterscheidet Jörg Lau den »entflammten Novizen« und den »satten Libertin«, den »Ex-Kumpel« und den »enttäuschten Liebhaber«, den »Detektiv«, den »Anwalt« und den »Systematiker«. (Zit. in Schuh 2000, 45) Franz Schuh hat vermutet, dass die Häme, mit der Kritiker über ihre Kollegen zu urteilen pflegen, eine Spezialität des deutschen Sprachraums sei. Allerdings war auch T.S. Eliot in dieser Hinsicht keineswegs zimperlich. (Vgl. Schuh 2000, 45f.)

Die Liebe des Kritikers zur Liste verdanke sich, so Schuh, dem Umstand, dass Kritiker gezwungen seien, sich zu stilisieren (man könnte aber auch überlegen, ob es nicht auf der anderen Seite einen Zwang zum *Klassifizieren* gibt). In ihrer Nutzlosigkeit würden sie Posen einnehmen, die ihre Intimität mit der Literatur vorführen sollen: »Der sich in seiner Pose selbstbespiegelnde Kritiker will als jemand angesehen werden, dem das Publikum, das Buch, der Autor schon sehr am Herzen liegen, weshalb es auch mehr als recht ist, daß der Kritiker selber ›vorkommt‹.« (Schuh 2000, 47) Hier ganz kurz die Revue einiger Typen von Gewicht:

Der Gate-Keeper

Wie ist es möglich, dass die Kritik trotz der beschriebenen Bedeutungserosion noch immer oder gar immer mehr Macht hat? (Vgl. Klein 2005, 19) Das liegt wohl an der nach wie vor wirksamen Funktion des Kritikers als »Gate-Keeper«: auch im besten Fall kommen nur 3 % des saisonalen Angebots in den Rezensionsteil der Zeitungen und Radiosender. Der Begriff »Gate-Keeper« stammt aus der Kommunikationsforschung (vgl. Neuhaus 2004, 20) – »Türhüter« ist erstens nicht englisch und würde wohl zu sehr an Kafka erinnern. Das Bild

ist aber ein altes: »Kritiker – wie Lakaien vor der Saaltüre bei einem Hofball, sie können schlechtgekleidete und unberechtigte Leute abweisen und gute einlassen, aber sie selbst, die Türsteher, dürfen nicht hinein.« Das sagte Heinrich Heine. (Zit. in Schuh 2000, 35)
Karl Kraus zum Beispiel war ein solcher Türsteher, der sein Amt so leidenschaftlich versah, dass er sich unterdessen gewissermaßen in den Saal komplimentiert hat. Vor allem für Debütanten war sein Urteil in der *Fackel* tatsächlich so etwas wie die Eintrittskarte in die Welt der Literatur – oder eben der Platzverweis. Ein solcher Alleinherrscheranspruch wird heute nicht mehr vertreten, aber es ist zu bezweifeln, ob die Grenzen nun durchlässiger sind, ob die Aufnahme in den Club einfacher vonstattengeht, dem hürdenlosen Internet zum Trotz.

Der Platzanweiser

Ist der Autor, die Autorin einmal drinnen, gilt es, ihm oder ihr einen Platz zuzuweisen.
Es »gibt in Wien eine Illustrierte, die die Lösung des Kritikerproblems gefunden hat«, verkündet Franz Schuh. »Man schreibt den Namen eines Menschen, der in der Öffentlichkeit gelten will, hin und macht daneben Zeichen. Will man loben, einen Pfeil nach oben, will man tadeln, einen Pfeil nach unten.« (Schuh 2000, 50) Schuh hat recht, wenn er dieses die Urteile »gut« und »schlecht« persiflierende Verfahren in gewisser Weise angemessen findet: Nur auf den Namen kommt es ja heute an, das Bewertungssystem verleiht einer subjektiven Einschätzung gleichsam objektive Gültigkeit. Das Kriterium der Kritik, also das Unterscheidungsmerkmal, ist nicht Leistung, sondern Geltung. Der Kritiker selbst erspart sich mit der Spontan- und Kurzkritik jene Krise, in die ihn eine ernsthafte Konfrontation mit dem Kunstwerk, so es

sich um eines handelt, bringen könnte. Die Illustrierte, die das eingeführt hat und heute selbst unter Geltungsschwund leidet, also *NEWS*, bot sich dem Kulturtreibenden mit der Erwähnung als Partner an, als »Werbeagentur« und »Prestigemakler«. (Schuh 2000, 51)
Das Auf und Ab der Pfeile entspricht überdies sinnfällig dem bald gereckten, bald gesenkten Daumen des römischen Imperators, der über Gedeih und Verderb der Gladiatoren entscheidet. Hier sieht man den Größenwahn des Kritikers abgebildet, der im Circus Maximus des Literaturbetriebs von allen kritischen Kategorien nur noch »oben« und »unten« zur Ausübung seines Hand-Werks benötigt und mit dieser Pose camouflieren muss, dass seine wahre Rolle im Spektakel wohl doch eher auf die des Platzanweisers reduziert ist.

Der Zirkulationsagent

Dieser Begriff stammt von Hans Magnus Enzensberger, der 1986 eine *Rezensenten-Dämmerung* ausgerufen hat. Der Kritiker alter Schule habe abgedankt und die Bühne der Gesellschaft verlassen, weil der Markt die Unterscheidungen obsolet gemacht habe. Es blieben, quasi als Nachfolger der herkömmlichen Rezensenten, auf der einen Seite die »Pädagogen«, die sich vollsubventioniert mit Dichtern und ihren Werken beschäftigen, auf der anderen Seite die »Zirkulationsagenten«, die in keiner Weise am Gegenstand, sondern nur am Zirkulieren ihrer Meinung interessiert seien: nicht das Buch sei das, um das es geht, sondern der Trend, der sich mit ihm ausrufen lässt. (Enzensberger 1986)

Der Raumpfleger

Diese Rolle wird von jenen gar nicht wenigen ausgefüllt, die die strukturell untergeordnete Dienstleistungsfunktion der Kritik nicht bemänteln, sondern sich vielmehr freudig dazu bekennen. Im Vordergrund steht der Dienst an der Literatur und der Dienst am Leser, der Raumpfleger macht bewusst nicht viel Aufhebens von der eigenen Schreibposition, er sorgt für ein gutes Raumklima im literaturbetrieblichen Großraumbüro und für eine günstige Ausleuchtung. In der Rolle der Bedienerin weist die Literaturkritik sich selbst den Gestus der Bescheidenheit zu. Klaus Nüchtern hat in diesem Zusammenhang von der »dämliche[n] Demut« der Kritik gesprochen: »Man dient sich dienend der Literatur, dem Autor, den Verlagen an.« (Nüchtern 2007) Der Raumpfleger ist also nicht harmlos, nur weil er keine Verrisse schreibt. Laut Tucholsky, und das gilt nicht nur für die dreißiger Jahre, ist »die industrialisierte Literatur ein großer Klub«; das »Grundübel der literarischen Verfilzung« sei der Wunsch dazuzugehören. (Tucholsky 1985, 314) Und zwar nicht so, wie eine Reinigungskraft dazugehört. Mit ebenso wahllos wie großzügig gespendetem Lob meint der Raumpfleger das am ehesten zu erreichen.

Der Verkehrspolizist

Der Verkehrspolizist, wie diese Spezies genannt sei, will mehr, als nur den Mitspielern des literarischen Lebens ihren Platz anweisen: Ihm geht es ums Ordnen und Regulieren, er möchte für die »richtige« (also seine) literarische Bewegung oder Richtung freie Fahrt gewährleisten und den Angehörigen ihm widerstrebender Strömungen die Einfahrt verbieten. Er ist durchaus mit dem heute aus der Mode gekommenen Strate-

gen verwandt, den Walter Benjamin in der Pose des schnoddrigen Aktivisten in seinem Manifest *Die Technik des Kritikers in dreizehn Thesen* (1927) skizziert hat. Der Kritiker als »Stratege im Literaturkampf« agiert politisch, das heißt, um seine Vorstellung von einer revolutionierten Gesellschaft durchzusetzen. Deshalb kann er sich Neutralität nicht leisten: »Wer nicht Partei ergreifen kann, der hat zu schweigen.« Und: »Echte Polemik nimmt ein Buch sich so liebevoll vor, wie ein Kannibale sich einen Säugling zurüstet.« (Benjamin 1972, 109)
Kurt Tucholsky interpretierte die Rolle des literaturkritischen Verkehrspolizisten in erster Linie als die eines Spielverderbers. Er hatte konkret einen Übersetzer getadelt, was man ihm als geschäftsschädigendes Verhalten ankreidete – in *Kritik als Geschäftsstörung* kontert Tucholsky: »Also das geht nicht. Ich will dem Mann schaden, wenn ich ihn tadele. Ich will die Leser vor ihm warnen und die Verleger auch – ich will aus politischen, aus ästhetischen, aus andern offen anzugebenden Gründen diese Sorte Literatur mit den Mitteln unterdrücken, die einem Kritiker angemessen sind. Das heißt: ich habe die Leistung zu kritisieren und weiter nichts. Aber die mit aller Schärfe.« (Tucholsky 1985, 315)
Die Offenheit, mit der Tucholsky die Ausübung einer kritischen Exekutivgewalt für sich beansprucht, ist heute nicht mehr comme il fault. Aber auch Klaus Nüchtern sieht sich, wenn es denn sein muss, als Verhinderer aus Überzeugung. Für ihn hat der Leser ein »völlig legitimes Interesse an Komplexitätsreduktion, und ich habe es nie als die niedrigste Aufgabe eines Literaturjournalisten oder -kritikers empfunden, jemand daran zu hindern, seine Zeit mit schlechter Literatur zu verplempern«. (Nüchtern 2007)
Versuche ich an dieser Stelle eine Zwischenbilanz, so muss ich gestehen, dass es mir leichter fällt zu sagen, welchem Typus ich *nicht* angehöre, angehören will: Raumpfleger, Verkehrspolizist, Platzanweiser, Zirkulationsagent will ich nicht sein.

Gnostiker und Emphatiker

Vor mehr als zehn Jahren hat ein Buch im deutschen Feuilleton eine überraschend heftige Debatte über das Selbstverständnis der Literaturkritik ausgelöst: Volker Weidermanns *Lichtjahre*, mit dem Untertitel *Eine kurze Geschichte der deutschen Literatur von 1945 bis heute*. Hierbei ging es zunächst nicht um die Rolle des Kritikers im Betrieb, sondern um Intimeres: um dessen Umgang mit seinem Gegenstand, der Literatur. Letzten Endes ist aber die Auffassung vom eigenen Handwerkszeug nicht von der sozialen Funktion zu trennen, die der Kritiker für sich beansprucht. Weidermann, Feuilletonchef der programmatisch ›jungen‹ *Frankfurter Allgemeinen Sonntagszeitung*, damals Mitte Dreißig, portraitiert in seiner Literaturgeschichte 135 Autorinnen und Autoren der deutsch*sprachigen* Literatur – Elfriede Jelinek und Thomas Bernhard firmieren darin mit Herbert Achternbusch unter der Überschrift »Wut im Süden« als cholerischer Wurmfortsatz im Süddeutschen.
Hubert Winkels hat als Reaktion darauf die Zunft der Kritiker in »Emphatiker« und »Gnostiker« geschieden: »Die Emphatiker sind die mit dem unbedingten Hunger nach Leben und Liebe; Gnostiker sind die, denen ohne Begreifen dessen, was sie ergreift, auch keine Lust kommt; die sich sorgen, falschen Selbstbildern, kollektiven Stimmungen, Moden und Ideologien aufzusitzen.« (Winkels 2006) Winkels verachtet die »Emphatiker«, die »Leidenschaftssimulanten«, die »Stadionberichte aus dem literarischen Leben liefern«, und zählt sich selbst zu den »Gnostikern«, die man vielleicht ohne religiöse Konnotation besser »Rationalisten« nennen sollte.
Volker Weidermann geriert sich als mimetischer, ja mehr noch: als symbiotischer Kritiker, im Grunde eine contradictio in se. Autoren mit dem Image des zornigen jungen Mannes, mögen sie auch, wie Wolf Wondratschek und Maxim Biller,

in die Jahre gekommen sein, bieten dem Kritiker die Identifikationsfläche für sein überbordendes Ego. Nur als Enthusiast (von griechisch »entheazo«, gottbegeistert, verzückt sein) hat der Literaturkritiker demnach Anteil am göttlichen Funken, der den Dichter entzündet. In diesem Sinn möchte ich für meine Person keine Enthusiastin sein.
Weidermann versteht sich auch ausdrücklich als einer, der sich, anders als andere Autoren von Literaturgeschichten, den lebenden Schriftstellern stellt und den Versuch ihrer Kanonisierung wagt. Hierin erweist sich eine erstaunliche Verwandtschaft mit Walter Benjamin, der die Trennung zwischen Kritiker und Literarhistoriker postuliert hat: »Der Kritiker hat mit dem Deuter von vergangenen Kunstepochen nichts zu tun.« Und: »Die Nachwelt vergißt oder rühmt. Nur der Kritiker richtet im Angesicht des Autors.« (Benjamin 1972, 108)
Die im publizistischen Getümmel aufgetauchte Behauptung, der Streit zwischen »Emphatikern« und »Gnostikern« stehe für einen Generationskonflikt, lässt sich leicht widerlegen: Marcel Reich-Ranicki war das erklärte Vorbild für Volker Weidermann in Sachen Leidenschaft, Elke Heidenreich wiederum hat sich der begeisterten Affirmation verschrieben – bei beiden fungierte die enthusiastische Parteinahme auch als Gegenpol zum üblicherweise abgewerteten »germanistischen Seminar«.

Für mich persönlich ist es für das Schreiben von Literaturkritik notwendig geworden, eine permanente Fiktion aufrecht zu erhalten, gewissermaßen einen paradiesischen Zustand – auch des eigenen, längst nicht mehr unschuldigen Bewusstseins – zu simulieren. Das heißt: Ich bewege mich in einem ständigen Als-ob. Ich schreibe Kritiken, in denen ich (vor mir selbst) so tue, als gehörte ich nicht zum gemeinsamen Markt. Ich spiele mir zumindest vor, dass ich jedem Buch gerecht werden will, ohne mich von einem bereits gefassten Vor-Urteil über seinen Autor, seine Autorin beirren zu lassen.

Ich gebe vor, mir meine Lektüre jedenfalls hie und da ohne Ansehen des Verlages auszusuchen. Ich bilde mir ein, nicht gleich die Schubladen aufzureißen, wenn ein Text in all seiner Unschuld vor mir liegt. Ich versichere mir, dass ich mir mit jeder Lektüre immerhin die Freiheit des Denkens einräume, eine Freiheit, die zwangsläufig auch Unsicherheit bedeutet. Und ich nehme an, dass mir sehr wohl daran gelegen ist, meine Leserinnen und Leser an dieser im besten Falle »produktiven Unsicherheit« (Fetz 1999, 45) teilhaben zu lassen, vor ihnen mein Nachdenken nachvollziehbar auszubreiten und ihr Mitdenken mitzudenken. Und ich bin im Anspruch an mich selbst dann auch wieder ganz bescheiden, mit Lichtenberg: »Ob ich gleich weiß, daß sehr viele Rezensenten die Bücher nicht lesen, die sie so musterhaft rezensieren, so sehe ich doch nicht ein, was es schaden kann, wenn man das Buch liest, das man rezensieren soll.« (Lichtenberg 1976, 173) Nicht wenigen Rezensionen sieht man doch an, dass ihre Autoren auch ohne diese Probe aufs Exempel auszukommen meinen.

4. Ein Fallbeispiel: die Causa Heller

Was dein Wort zu bedeuten hat, erfährst du durch den Widerhall, den es erweckt.

Marie von Ebner-Eschenbach

Für meinen Beitrag zur öffentlichen Auseinandersetzung um André Hellers Debütroman trifft Ebner-Eschenbachs Aphorismus zu. Ich habe nicht damit gerechnet, ich habe es nicht darauf angelegt, aber mein Wort über *Das Buch vom Süden* hat einen gewissen Widerhall erweckt, aber nicht nur mein Wort, es war überhaupt ein Sturm im Wasserglas. Wenn ich Ihnen meine Rezension aus der *Frankfurter Allgemeinen* vorlege und im Anschluss daran einen Artikel für *Volltext*, in dem ich versucht habe, die Debatte im Feuilleton höchst subjektiv zusammenzufassen, dann will ich damit vor allem zeigen, dass die Grenzen zwischen Literaturkritik und Debatte und Polemik und Kulturkritik manchmal fließend sind. Meine Rezension war eine von wenigen negativen Besprechungen in Österreich. Es entwickelte sich eine öffentliche Diskussion, die in meinen Augen anschaulich gemacht hat, dass hier manche, sagen wir, Eigenheiten des österreichischen Kultur- und Literaturbetriebs berührt wurden, die jenseits unserer Grenzen ein gewisses Kopfschütteln hervorrufen. Es ging nicht nur um ästhetische Fragen, sondern auch um Klüngel und Cliquen, letztlich sogar um Politik.

Im Hauptberuf möchte ich Taugenichts werden

Nur mal kurz einen Schriftsteller berühren: André Hellers Debütroman erstickt im Zuckerguss der Manier und leidet an einer Extraportion Poesie

André Heller muss man mögen, so wie man Ingwerkekse mögen muss oder Maiglöckchen-Parfum. Aber hier geht es ja nicht um den weltumspannenden Entrepreneur des Entertainments, den besessenen Impresario oder den Wunderkammersänger, kurzum: nicht um die Marke Heller, sondern um den Romancier. Hellers erster Roman verdient als ein Stück Literatur für sich und vor allem ernstgenommen zu werden. Das wird dem Leser vom Autor nicht gerade leicht gemacht, denn dessen überlebensgroße

Künstlergestalt schiebt sich formatfüllend vor den Helden Julian Passauer und die Geschichte. Nicht nur in der Erzählstimme begegnen uns des Meisters Duktus und Timbre, es reden eigentlich alle wichtigen Figuren wie André Heller: der Vater Gottfried Passauer, die Mutter Lotte, der Bonmot-Produzent Graf Eltz, die schöne äthiopische Köchin Mébrat – und natürlich Julian Passauer selbst. »Wovon redest du so geschwollen?«, fragt die Gärtnersgattin Pribil den Zwölfjährigen. Der Leser fühlt es ihr nach.

Wie sein Erfinder entstammt Julian einer großbürgerlichen Wiener Familie und hat seine Kindheit und Jugend im Nobelbezirk Hietzing verbracht. Weil sein Vater Vizedirektor des Naturhistorischen Museums ist, logiert man in einer prachtvollen Dienstwohnung im Schloss Schönbrunn. Vom Vater hat Julian seine Passion für den Süden geerbt, verbunden mit heftigem Phantomschmerz: Die Amputation der südlichen Kronländer der k.u.k. Monarchie hat Gottfried Passauer nie verwunden. Von seiner Inhaftierung in Dachau und Buchenwald blieb ihm eine unheilbare Melancholie und der Brauch, am 13. jedes Monats, Churchill zu Ehren, en famille ausschließlich Englisch zu sprechen. Heller hat sein Alter Ego nicht im jüdischen Milieu angesiedelt, doch Julian verfügt als »ausgezeichnete Mischkulanz« immerhin über eine jüdische Urgroßmutter. Vater und Sohn Passauer liefern einander ein Pingpong der goldenen Worte, das jener mit »Wisse, Sprössling« zu eröffnen pflegt. Rund um diese merkwürdige Familie versammelt Heller ein Kabinett der Käuze und Kuriositäten, der Unglückswürmer und Lebenskünstler, unter denen der Schürzenjäger Graf Eltz als souverän ordinärer Erzähler hervorsticht – ein Abbild des berüchtigten gräflichen Enfant terrible Adalbert Sternberg.

Im ersten Teil des Romans erfahren wir von Julians Bemühungen, die Damenwelt zu gewinnen und »im Hauptberuf« ein Taugenichts zu werden, was er schließlich mit Hilfe eines portugiesischen Pokerspielers auch umsetzt. Der zweite, zusehends ins Sentenzhafte driftende Teil erzählt, unleugbar autobiographisch, vom

Sesshaftwerden des Kreuz-und-quer-Reisenden in einem Gartenparadies am Gardasee, bis er am Ende das »Tor zum vollkommenen Süden« in einer Vision des marokkanischen Fés zu erreichen meint. Ein Entwicklungsroman? Eher nicht. Wir sehen ein ewiges altkluges Kind, das noch Jahrzehnte später auf sein ewiges Kindsein stolz ist. Sein Ausgesetztsein in der Welt indes wirkt echt und sein Versuch, sich gut zuzureden, deshalb rührend. »Ich will mein eigener Freund sein«, beschließt Julian und findet nichts dabei, die Segnung seiner Person selbst vorzunehmen.

Das Katholische dieser österreichischen Kindheit wird bald von allerlei privatmagischem Hokuspokus überwuchert. In einer Art Initiationsszene ermuntert Vater Passauer seinen Sohn einmal, den Lyriker Felix Braun heimlich zu berühren, weil das Berühren eines Dichters »zumindest von den lässlichen Sünden« befreie. Vielleicht liegt es daran, dass Felix Braun wohl bestenfalls ein mittelguter Dichter war, aber es stellt sich doch die Frage, ob vor dem Urteil der Weltliteratur das Verfassen eines Romans mit untauglichen Mitteln noch als lässliche Sünde durchgeht. Die Untauglichkeit ergibt sich zunächst aus der anekdotischen Struktur: Ein Sammelsurium ist noch kein Roman. Mit dem ehemaligen Weltklasseschwimmer Eltz hat der Autor auch dem ehemaligen Spitzenwasserballer Friedrich Torberg seine Reverenz erwiesen. Torbergs berühmtes Buch »Die Tante Jolesch oder Der Untergang des Abendlandes in Anekdoten« (1975) will gar kein Roman sein und stellt doch in seiner stilistischen Brillanz einen Meilenstein der österreichischen Nachkriegsliteratur dar, der für Nachahmer leicht zum Stolperstein wird. So zeugt der unmögliche Graf Eltz von seines Autors »Sehnsucht nach aristokratischem Umgang« (wie Karl Kraus das nannte) und gibt allerlei Lustiges und noch mehr Halblustiges zum Besten. Torberg hat seinem postkakanischen Kaffeehaus-Kosmos wohlweislich die Konfrontation mit der Nazizeit erspart. Bei Heller kommt selbst das Buchenwald-Lied im Sound der kapriziösen Kurzweil vor.

Das ausgestellte Wienertum und dessen penetrante Beschwörung vermögen noch den nostalgischsten Patrioten zu ernüchtern und erweisen sich außerdem als inkonsequent. Zum Beispiel teilt André Heller mit seinen Passauers eine querköpfige Abneigung gegen das »Reichsdeutsche« und kultiviert Ausdrücke wie »Wimmerln« (Pickel), »miachteln« (streng riechen) und »zernepft« (zerzaust). Dazu passen dann aber weder die »Schnürsenkel« (statt Schuhbänder) noch die »Toilettenfrau« (statt Klofrau) noch »gestanden haben« (statt sein).

Wo es um das weite Feld des Eros geht, überschreitet Hellers Manieriertheit die Grenze des Erträglichen. Wenn Julian seiner schwarzen Köchin respektive Dienerin tief in die Augen schaut, wird sie ihm praktisch unter der Hand zum Gesamtkunstwerk: »Dann las er Note für Note die Melodie und deren Orchestrierung, das Gelesene begann in seinen Ohren zu klingen, und der Klang schuf Bilder großzügiger unbesudelter Landschaften, üppiger Vegetation, in denen er umherwandeln konnte wie in den Bühnendekorationen der Aufführung eines Stücks, das nichts Geringeres als seine eigene Seele zum Autor und Regisseur hatte.« Das Rätsel Weib beschäftigt Julian überhaupt stark, neben der Köchin bieten ihm vor allem eine Sprunghafte und eine Unersättliche »rare Einsichten in die Strukturen des Weiblichen«. Wie ihm andererseits auch die Vorstellung gefällt, seine Mutter und seine Gefährtinnen würden an einem Kongress zur »Erforschung des wissenschaftlichen Themas Julian Passauer« teilnehmen. Am meisten fasziniert von diesem Thema zeigt sich der Held selbst, etwa wenn er mit einer Gabe um das Herz einer Dame wirbt: »So sammelte Julian im Eidechsengarten Blätter in den berückendsten Formen und Farben, arrangierte sie in einer mit gelbem Samt ausgeschlagenen Wellkartonschachtel und legte zuoberst Walnüsse und Haselnüsse sowie ein Kinderfoto, das ihn als etwa Vierjährigen in der Pelzbekleidung eines Eskimos zeigte, die ihm sein Vater von einer Kanadaexpedition mitgebracht hatte. Auf eine Visitenkarte schrieb er auf Englisch: ›Es gibt mich!‹« Wer könnte da widerstehen?

Es gibt auch schöne Szenen im Buch, etwa die zart hingetupfte Sterbeszene der Mutter, und schöne Sätze, zum Beispiel über die allzu propere Geliebte: »Selbst wenn sie schlief, schienen Engel an ihrer Tadellosigkeit zu arbeiten.« Aber diese Fundstücke gehen unter in einem Meer des Zuviel, und es ergeht einem wie dem Grafen Eltz mit den berühmten Zauner-Doboschschnitten, den nach dem Ess-Exzess »das Speiben eindrucksvoll an die Segnungen des Maßhaltens erinnert«.

Der von André Heller verehrte H. C. Artmann hat über das Wesen des »Poetischen Acts« gemeint, dass man Dichter sein könne, »ohne auch irgendjemals ein Wort geschrieben oder gesprochen zu haben«. Aber man kann eben nicht Dichter sein, wenn man zu viele Worte spricht oder schreibt und dabei das Dichterseinwollen als treibende Kraft wirkt. Das Wesen des Dichterischen liegt in der Absichtslosigkeit des L'art pour l'art, die Extraportion Poesie verdirbt das Gericht.

Ein »Virtuose des Kargen« (so das Lernziel des Pokerlehrers) wird Heller wohl nicht mehr werden. Man kann ihn für vieles bewundern, für das Verfassen von Romanen leider nicht.

Daniela Strigl, in: F.A.Z., 5.5.2016

Im Reich des Zuckerbäckers

Wie André Heller einmal den Faschismus verhindert hat
Die ziemlich österreichische »Rezeption« des *Buches vom Süden*

»Ich gebe zu, ich bin Partei. Ich finde Hellers ›Buch vom Süden‹ ebenfalls missglückt.« Das waren die ersten Sätze meines Leserbriefs an die Wiener Wochenzeitung »Falter«, der nie erschienen ist und auf den ich auch keine Antwort erhalten habe. Dass Leserbriefe aus Platzgründen nicht gebracht werden, ist normal im Zeitungsgeschäft. Aber in dieser Causa war das nicht der einzige nicht erschienene Text.

Begonnen hat die Geschichte, die Sandra Kegel in der »F.A.Z.« inzwischen eine »Literaturbetriebsposse« genannt hat, Anfang Mai mit einigen tendenziell negativen Rezensionen von Hellers Romanerstling in der »Süddeutschen Zeitung« (Cathrin Kahlweit), in der »NZZ« (Gerhard Melzer), in den »Salzburger Nachrichten« (Anton Thuswaldner), im Wiener »Standard« (Ronald Pohl), im »Falter« (Klaus Nüchtern) und in der »F.A.Z.« (von mir). Nein, begonnen hat die Geschichte eigentlich schon Ende April, mit einer Eloge Ulrich Weinzierls in der »Zeit«. Darin trat der ehemalige Wien-Korrespondent der »F.A.Z.« und der »Welt« gleichsam die Flucht nach vorn an: Er sei als Rezensent befangen, einerseits als André Hellers Verlagskollege bei Zsolnay, andererseits weil er dessen Roman dort lanciert habe. Es muss aber doch heraus – »hier sitze ich und kann nicht anders« –, dass Heller »einen hervorragenden Roman« geschrieben hat, »große Literatur«.

Dass der große Ulrich Weinzierl, dem ich dieses Epitheton allemal inniger gönne als Hellers Literatur, dass Weinzierl also tat, was man nicht tut, hat mich damals erstaunt, vielleicht noch mehr erstaunt hat mich sein Urteil. Weinzierl, der kluge, belesene, scharfsichtige, unbestechliche, maliziöse, witzige Weinzierl hält den Autor des »Buchs vom Süden« für einen »Größenwahnsinnigen« »mit zureichendem Grund«? Welche Verblendung.

Gewiss, Weinzierls Ruf war dadurch nicht ruiniert, aber ganz ungeniert lebte es sich für ihn doch. Wie anders wäre zu erklären, dass er auf Klaus Nüchterns, zugegeben, boshaften, aber wohlbegründeten Verriss im »Falter« mit einer Gegendarstellung reagierte? Die auch noch gedruckt wurde, nicht als Leserbrief, sondern als Artikel. Darin zieht er Nüchterns kritische Kompetenz in Zweifel, weil dieser den Wiener Demel eine »Konditorei« nennt und den Roman irrtümlich »Das *große* Buch vom Süden« und weil er zu früh geboren ist (1961), um Hellers kakanische Erinnerungsseligkeit vor der Folie »einer sehr besonderen altösterreichischen, durch jüdischen Witz geprägten Kultur und Literatur« zu würdigen.

In meinem nicht erschienenen Leserbrief habe ich bezüglich Klaus Nüchterns Verriss geschrieben, der springende Punkt sei nicht die Verschiedenheit der Ansichten: »Ich wundere mich darüber, dass man das im ›Falter‹ nicht einfach so stehen lassen kann, sondern durch die eigens eingeführte Form einer Rezensionsreplik abfedern muss. Am meisten wundere ich mich über Ulrich Weinzierl, dessen offenbar der Neigung und nicht bloß der Pflicht entsprungene Verteidigung in jeder Hinsicht unter der Würde des exzellenten Kritikers ist, als den wir ihn kennen. Lassen wir einmal beiseite, dass er Klaus Nüchtern am Zeug flicken möchte, indem er eine nicht nur spitzfindige, sondern falsche Unterscheidung zwischen Konditorei und Zuckerbäckerei bemüht. Dass er ihm Hellers ›äußerste Genauigkeit‹ als vorbildlich empfiehlt (wo doch dessen famoser Graf Eltz etwa mit einem falschen Nestroyzitat glänzt). Und dass er nicht sehen will, dass es dem Rezensenten nicht um das Sujet – die Welt der ›Tante Jolesch‹ – ging, sondern um die Unzulänglichkeit der literarischen Mittel. Wirklich haarsträubend aber ist die Unterstellung, wer Heller tadle, paktiere mit der ›Geschichtsvergessenheit‹, wer Heller nicht verstanden habe, laufe Gefahr, den falschen Bundespräsidenten zu wählen. Das ist die Fortsetzung der Kritik mit den Mitteln der politischen Diffamierung.«

Jetzt habe ich noch einmal nachgelesen. Da steht wirklich, in Anspielung auf die bevorstehende Stichwahl zwischen Norbert Hofer und Alexander van der Bellen: »In ungemütlichen Zeiten wie diesen, einer Geschichtsvergessenheit sondergleichen, ist mir und einigen anderen jemand wie André Heller wichtig. Ich denke sogar: Er ist für Österreich wichtig. Wer ›Das Buch vom Süden‹ verstanden hat (das ist wohl leider eine Minderheitenfeststellung), kann

am 22. Mai nicht den Falschen wählen.« Was heißt denn das? Wohl nichts anderes, als dass Nüchtern das Buch nicht verstanden hat und also am 22. Mai deshalb den Falschen hätte wählen können.
Nun ist die Wahl trotz dem Beinahe-Total-Versagen der heimischen Literaturkritik für den Richtigen ausgegangen. Aber die moralische Erpressung, daß wer Heller nicht gut findet, nicht nur *geschichtsvergessen* ist, sondern politisch auf der falschen Seite steht, hat doch einen üblen Nachgeschmack. Sie hätte zum Beispiel bei David Axmann, dem Nachlassverwalter Friedrich Torbergs, nicht verfangen. Der im Vorjahr verstorbene Letzte in der großen Wiener Tradition jüdischer Journalisten hat, das kann man in seinen Rezensionen und Parodien nachlesen, André Heller für einen Größenwahnsinnigen ohne zureichenden Grund gehalten.
Man könnte sagen: ein Sturm im Wasserglas – und es würde passen zu einem Land, wo nicht nur beim Demel das Glas Wasser zum Kaffee gehört. Aber die Vorgänge um die Rezeption des späten Heller-Debuts zeichnen auch ein Sittenbild des rot-weiß-roten Kulturbetriebs, zeigen, wie die »F.A.Z.« es formulierte, dass »das System Österreich allemal lebendig, ja geradezu fidel ist«. Denn wie kann eine als »kritisch« bekannte und anerkannte Wochenzeitung den eigenen Rezensenten, seit langen Jahren einen der wichtigsten Autoren des Blattes, so desavouieren? Wie kann sie die Autorität seiner Kritik und damit ihre eigene untergraben, um einer Stimme Raum zu geben, die sich bereits an prominenter Stelle ausführlich artikuliert hat?
Das alles war aber noch gar nichts gegen »Die Presse«. Für deren Feuilleton-Beilage »Spectrum«, von vielen für die beste des Landes gehalten, hat der Grazer Philosoph Peter Strasser eine maßvoll spöttische Besprechung des Heller'schen Opus verfasst. Der Chefredakteur ließ sie sich vorlegen und befand, dass dergleichen nicht im »Spectrum« erscheinen dürfe. Strasser zog den Text zurück, um seinem Redakteur den Konflikt zu ersparen. Und im »Standard« wollte noch der ehemalige ORF-Journalist Peter Huemer dem allzu respektlosen

Rezensenten Pohl den Marsch blasen, verschob seine Lektion dann aber auf eine spätere Gelegenheit der Heller-Huldigung.
Es muss wohl, dieses Eindrucks kann man sich nicht erwehren, in diesem Land etliche Leute geben – und einige davon an den Schalthebeln der Medienmaschine –, denen, sagen wir, das Wohl André Hellers ganz besonders am Herzen liegt. Angeblich gehört auch der neue Bundeskanzler zu ihnen. So gesehen bekommt Ulrich Weinzierls Feststellung, dass ihm »und einigen anderen jemand wie André Heller wichtig« sei, den Charakter einer Drohung.
Die Bereitschaft mancher Journalistinnen und Journalisten, sich für den ohne Frage charmanten Alleskünstler ins Zeug zu legen, wird durch persönlichen Kontakt naturgemäß noch gestärkt; zumindest nimmt die Lust, sich seinem Wirken ohne angemessene Ehrerbietung zu nähern, solcherart deutlich ab. Von jenen Auserwählten, die André Heller wenige Wochen vor dem Erscheinungstermin des »Buches vom Süden« in denselben, nämlich nach Marrakesch, geladen hat, um ihnen dort seinen neuen Paradiesgarten »Anima« zu zeigen, bekam er jedenfalls erwartungsgemäß nicht die ganz harten Worte über seinen Roman zu lesen. Das wusste schon Marie von Ebner-Eschenbach: »Freundlichkeit kann man kaufen.«
Und die Freiheit der Presse? Die ist nie in Gefahr. Der weit, weit vorauseilende Gehorsam bekommt sie ja niemals zu Gesicht. Majestätsbeleidigung wird im Lande Österreich gar nicht erst vor Gericht gebracht. Sensible Geister erspüren, wo Sakrosanktes bedroht sein könnte und greifen zartfühlend rechtzeitig ein. Die österreichische Presselandschaft präsentiert sich dem befreundeten Ausland als gartenarchitektonisch ansprechendes Sumpfgelände.

Daniela Strigl, in: Volltext 2/2016, 36f.

Sind Literaturnobelpreisträger Idioten?

Die Literaturkritik will sich wieder einmal retten, indem sie niedere Instinkte bedient. Die jüngsten Stammtisch-Ergüsse im SWR-Fernsehen hätten ein Skandal sein müssen.

Die Nachricht ereilte mich, wie so manches den Österreicher mit Verspätung ereilt, in der steirischen Landeshauptstadt Graz, mitten in einem Symposion zu Elfriede Jelinek. Ein verschlafener Skandal? Zurück in Wien, ging ich der Sache nach – tatsächlich: In der jüngsten Ausgabe der Fernseh-Literaturtalkshow *lesenswert* des SWR sagt der Kritiker Dirk Schümer, von Gastgeber Denis Scheck auf seine schlechte Meinung über den Literaturnobelpreis angesprochen: »Wenn man sieht, wie viel Idioten den gekriegt haben – von Jelinek bis Grass.« Und der Moderator stimmt zu: »Von Bob Dylan ganz zu schweigen.«

Nun könnte man mutmaßen, diese Dokumente verbalen Freistilringens hätten sich der Hitze des Gefechts verdankt, aber nein, kein Gefecht, kein Ringen, kaum Hitze, man pflegt in der Sendung das wohltemperierte intelligente Gespräch. Die Herren waren sich einig in frischeversiegelter Bonhomie, der eine macht, was er für eine launige Bemerkung hält, der andere billigt die billige Injurie, indem er noch nachlegt, allein Insa Wilkes Miene entgleist auf eine der Entgleisung adäquate Weise.

Einfach mal die Sau rauslassen

Was ist das für eine Szene, die ich da gesehen habe? Was verrät sie über das öffentliche Gespräch über Kunst? Was über den Umgang in unserer Gesellschaft? Der Duden definiert »Idiot« mit bemerkenswerter Empathie für den Schimpfwort-Benutzer als »jemandes Ärger oder Unverständnis hervorrufender törichter Mensch;

Dummkopf«. Nach wie vor gibt es auch die zweite Bedeutung: »Kretin«. Man kann kaum annehmen, dass Schümer und Scheck die drei genannten, denkbar unterschiedliche literarische Positionen repräsentierenden Nobelpreisträger tatsächlich für Idioten halten. Auch nicht, dass sie den Begriff im Sinne des neutralen idiotes der Griechen als Privatperson, als »Nicht-Dazugehörigen« (Peter Handke) interpretieren. Warum also fährt ein Literaturkritiker ohne Not anstelle eines Arguments das Geschütz der Ehrenbeleidigung auf? Warum mahnt der Moderator nicht zu moderater Wortwahl oder nennt zumindest den Regelverstoß beim Namen? Sondern spielt selber mit?
Ich glaube, es gibt das uneingestandene Bedürfnis, das trockene, medienwirkungsästhetisch längst in Verruf geratene Geschäft der Kritik durch Anbiederung an die niedrigsten Instinkte des Publikums saftig zu machen. Rettung durch Selbstverleugnung. Endlich einmal dieses ganze langwierige Für und Wider sein lassen. Endlich einmal aus dem Bauch heraus. Frisch von der Leber. Die Sau rauslassen. Endlich die, die man nicht mag, die »Ärger oder Unverständnis hervorrufen«, einfach Idioten nennen! Kritiker, die das Florett gegen den Dreschflegel tauschen – sind sie schon in der Phase des Ungeniert-Lebens oder noch dabei, ihren Ruf zu ruinieren?

Ohne Witz und Lustgewinn

Und bei aller Zurückhaltung, die ich mir bei der Beurteilung des Phänomens »deutscher Humor« auferlege: Ich fürchte, das soll auch noch lustig sein. Vor Schecks Frage an Schümer hatte dieser etwas gesagt, was er sichtlich für ein Bonmot hielt, weil er anmerkte, es »immer« zu sagen: »Was interessiert mich, was fünf schwedische Opas lesen?« Und lieber als den Idioten Jelinek und Grass wollte Schümer den Preis Donna Leon zuerkennen, um dann mit ihr in Venedig »schön essen« gehen zu können – ein

> Versuch der ironischen Spitze, die jedenfalls an der bekennenden Krimi-Liebhaberin Jelinek abprallen muss.
> Doch, es ist ein Skandal. Hätte einer sein müssen. Man weiß nicht, was schlimmer ist: dass dem Stammtisch-Erguss ohne Witz jeder Lustgewinn fehlt. Oder dass er auf deprimierende Weise Einsicht gewährt in die Verrohung der Sitten.
>
> Daniela Strigl, in: Zeit Online, 25.10.2017

Die Veröffentlichung der Glosse in *Zeit Online* provozierte über 180 Leserkommentare. Viele belehrten mich darüber, dass diese Art der witzfreien Bezichtigung kein Skandal, sondern im deutschen Fernsehen Usus sei. Die meisten jedoch diskutierten nicht die kritisierte Entgleisung, sondern deren Anlass und kamen zum Schluss, dass entweder Grass oder Jelinek oder Dylan oder alle drei den Preis echt nicht verdient hätten. Besonders Elfriede Jelinek erregte die Gemüter: quasi Kronenzeitungsniveau mit Matura. Was sie schreibe, sei »schlicht schlecht«. Oder gar: »Grass konnte schreiben, aber Jelinek? Literatur? Bitte was?! Na, ich danke.« Angesichts dieser Debatte bin ich versucht, meine Diagnose einer allgemeinen Verrohung der Sitten auf die Leserschaft zu erweitern. Wahr ist: Jedes Publikum hat die Kritik, die es verdient.

Die Technik des Kritikers in dreizehn Thesen (1928)

I. Der Kritiker ist Stratege im Literaturkampf.

II. Wer nicht Partei ergreifen kann, der hat zu schweigen.

III. Der Kritiker hat mit dem Deuter von vergangenen Kunstepochen nichts zu tun.

IV. Kritik muß in der Sprache der Artisten reden. Denn die Begriffe des cénacle sind Parolen. Und nur in den Parolen tönt das Kampfgeschrei.

V. Immer muß ›Sachlichkeit‹ dem Parteigeist geopfert werden, wenn die Sache es wert ist, um welche der Kampf geht.

VI. Kritik ist eine moralische Sache. Wenn Goethe Hölderlin und Kleist, Beethoven und Jean Paul verkannte, so trifft das nicht sein Kunstverständnis, sondern seine Moral.

VII. Für den Kritiker sind seine Kollegen die höhere Instanz. Nicht das Publikum. Erst recht nicht die Nachwelt.

VIII. Die Nachwelt vergißt oder rühmt. Nur der Kritiker richtet im Angesicht des Autors.

IX. Polemik heißt, ein Buch in wenigen seiner Sätze vernichten. Je weniger man es studierte, desto besser. Nur wer vernichten kann, kann kritisieren.

X. Echte Polemik nimmt ein Buch sich so liebevoll vor, wie ein Kannibale sich einen Säugling zurüstet.

XI. Kunstbegeisterung ist dem Kritiker fremd. Das Kunstwerk ist in seiner Hand die blanke Waffe in dem Kampfe der Geister.

XII. Die Kunst des Kritikers in nuce: Schlagworte prägen, ohne die Ideen zu verraten. Schlagworte einer unzulänglichen Kritik verschachern den Gedanken an die Mode.

XIII. Das Publikum muß stets Unrecht erhalten und sich doch immer durch den Kritiker vertreten fühlen.

Walter Benjamin, in: Neue Rundschau (122) H. 1/2011 [Thesen zur Literaturkritik], 7. [Erstdruck in W. B.: *Einbahnstraße* (1928)]

Das Glück der Kritik in vierzehn Thesen

I. Der Kritiker ist Platzanweiser im Circus Maximus des Literaturbetriebs. Nicht mehr. Eher weniger.

II. Seine Arbeit kann er nur erledigen, wenn er das vergißt.

III. Der Kritiker muß sein Publikum überfordern, wie er sich überfordert. Daß ein Text ihn nicht interessiert, ihn ratlos macht – das darf er denken, sagen darf er es nicht.

IV. Als Profi liest der Kritiker dort weiter, wo andere aufgeben. Das ist sein Job. Nicht die Schönwetterlektüre am Meeresstrand.

V. Der Kritiker ist nicht dazu da, als gesellschaftspolitischer Wetterfrosch die Trend-Leiter rauf- und runterzuhasten. Auch nicht, um indolenten Kollegen auf die Finger zu klopfen, sondern um dem kritisierten Buch so gerecht wie irgend möglich zu werden. Und neuen Stimmen Gehör zu verschaffen, die im Röhren der Platzhirsche leicht untergehen. Insofern ist Kritik moralisch.

VI. Der Kritiker mag getrost moderieren, diskutieren, kommentieren, jurieren, sofern er nicht aufs Kritisieren vergißt.

VII. Der Kritiker vernichtet, selten und mit Genuß. Weil eben das ohnehin nicht (mehr) möglich ist: Bücher *vernichten*.

VIII. Der Kritiker, der im Angesicht des Autors richtet, muß ihm in die Augen schauen können.

IX. Der polemische Kritiker ist immer im Unrecht. Er hat keine Wahl.

X. Es gibt eine Arena, aber es gibt keinen Literaturkampf. Das ist Freiheit und Bürde. Der Kritiker kann nur eine Partei ergreifen: die der Literatur. Das ist heute Aufgabe genug.

XI. Der Kritiker ist vollauf damit beschäftigt, die Literatur langsam, spröd und unsexy zu machen, wenn sie danach verlangt. Das Fernsehen ist sein natürlicher Feind. Er liebt seinen Feind.

XII. Der Kritiker behelligt seine Leser nicht mit Übellaunigkeit und Überdruß. Er kultiviert sein unausrottbares Vergnügen am Lesen und am Schreiben. Technik ist ein anderes Wort für Kunst.

XIII. Ohne Kunstbegeisterung ist Kritik sinnlos. Weil Lesen sinnlos ist ohne Begeisterung.

XIV. Der Kritiker kann auch eine Kritikerin sein.

Daniela Strigl, in: Neue Rundschau (122) H. 1/2011 [Thesen zur Literaturkritik], 51 [Antwort auf eine Umfrage zu Benjamins Thesen].

Aus der Diskussion:

Ärger

Mein Ärger hat in der Causa Heller auch damit zu tun, dass sich die Figur des Autors zwischen das Buch und mein Urteil drängt. Der Ärger, den ich beim Lesen von Büchern öfter verspüre, hat mit dem zu tun, was ich »aufplustern« genannt habe. Ich habe das Gefühl, da ist etwas unecht, es ist ein Buch, bei dem will jemand vorführen, was er kann oder glaubt zu können. Das betrifft natürlich nicht nur den André Heller, bei dem kommt halt diese gut geölte Medienmaschine, das Cliquenwesen dazu, aber das ist ein Rezeptionsphänomen. Wenn ich nur auf das jeweilige Buch schaue, dann gibt es Bücher, die auf den ersten Blick gut geschrieben wirken, mit einer gewissen Routine oder Eloquenz, bei denen aber die Dringlichkeit fehlt, eine Antwort auf die Frage, warum dieses Buch geschrieben werden musste. Und da ärgere ich mich natürlich schon mehr über schwache Bücher von prominenten Autoren. Ich habe einmal eine Parodie geschrieben über einen Roman von Martin Walser, ich glaube, es war *Ohne einander*. Bei Walser ist es ja so, es gibt ganz schrecklich missglückte Bücher, und das nächste ist wieder großartig. Wenn ich weiß, jemand kann mehr, er macht nicht das, was er kann, dann ärgere ich mich – wie jeder Leser –, dass ich mich mit so einem Buch bis zum Schluss plagen muss, schade um die Zeit. Natürlich ist die Rezension ein Ventil für diesen Ärger.

Parodie

Die Parodie ist tatsächlich eine gefährliche Form der Kritik. Dass zum Beispiel Antonio Fian einmal über meine Parodie seiner Dramolette in *Literatur und Kritik* nicht erbaut war, kann ich verstehen. Es ist ja nicht lustig, wenn man vorgeführt bekommt, dass man gewisse Dinge relativ leicht nachmachen kann. Deswegen ist es aber noch kein Fian, sondern die Parodie eines Fian. Es ist wie mit Karikaturen: Die Parodierten fühlen sich gleichzeitig geehrt und gefrotzelt.

Ressentiment und Sachlichkeit

Glaubwürdigkeit und Wertschätzung, die ich in der Szene genieße – auf diese Frage kann ich selbst nicht wirklich antworten, das wäre zu eitel. Ich glaube, es ist ein Warnsignal, denn Kritiker, die beliebt sind, machen wirklich etwas falsch. Man sollte sich nicht davor fürchten, sich unbeliebt zu machen. Mir ist das aber doch unangenehm. Wenn ich einen Verriss geschrieben habe, und ich treffe dann den Autor, muss ich mich bemühen, nicht zu kneifen. Es geht darum, dass man dem Autor danach noch in die Augen schauen kann und ihm im Notfall auch noch einmal erklären können muss, was man da geschrieben hat. Nicht, dass ich glaube, dass ich dazu verpflichtet bin – was liegt, das pickt.
Mein Ruf könnte damit zu tun haben, dass man merkt, dass ich mich bemühe, einem Buch gerecht zu werden, nicht vorher schon zu wissen, wie ich ein Buch finde. Für den Betroffenen ist ein negatives Urteil immer ein falsches Urteil, eine narzisstische Kränkung. Aber ich hoffe, er oder sie weiß: Sie hat sich bemüht, sie hat es vielleicht nicht verstanden, doch sie wollte mich nicht fertig machen. Das ist auch etwas, was in Österreich besonders ausgeprägt ist: Dass bei Kritik, die Namen nennt, sehr oft gefragt wird: Was hat der gegen mich? Der rächt sich jetzt für irgendetwas. Es ist einfach, eine Kritik so zu entkräften. Ich bemühe mich, sachlich an die Sache her-

anzugehen. Das gelingt mir nicht immer, beim Heller merkt man schon, dass er mich nervt.

Extremfall Heller

Dass der Verlag dann den Spieß umgedreht und sinngemäß gesagt hat, nicht die Freunde des Heller, sondern seine Kritiker bilden ein Netzwerk, eine Mafia, ist schon bemerkenswert. Der André Heller ist ein Extrembeispiel, über so viel Macht verfügt ein Autor normalerweise nicht. Als ich meinen Eltern erzählt habe, dass ich darüber etwas für *Volltext* schreiben will, haben sie gesagt: Tu das nicht, da wirst du Schwierigkeiten bekommen. Da habe ich mir gedacht: Weit ist es gekommen, meine Eltern raten mir ab, gegen Heller oder eher: die Hellerianer eine Polemik zu schreiben, in der ich nur zusammenfasse, was passiert ist. Heller ist ein Extremfall, aber man kann an ihm zeigen, wie es im Prinzip funktioniert.
Auch der *Falter* hat sich in diesem Fall nicht als linksliberaler Hort der Freiheit erwiesen. Irgendwann muss man Tacheles reden, man kann nicht nur über die Literatur reden, denn hier geht es nicht nur um die Literatur. Ich kann mir kaum vorstellen, dass diejenigen, die den Heller positiv rezensiert haben, wirklich glauben, was sie sagen. Ein Ulrich Weinzierl müsste ja seine kritischen Parameter über Nacht um 180 Grad gewendet haben. Insofern hat das etwas mit der Glaubwürdigkeit der Sache zu tun. Es gibt natürlich schon auch Leute, die André Heller wirklich gut finden. Wie das so ist mit einer Polemik: Man verstrickt sich, man verzettelt sich. Es ging dann unter anderem um die Frage, ob der Demel eine Konditorei oder eine Zuckerbäckerei ist und ob das zwei verschiedene Dinge sind.

Farbe bekennen

Wenn man mit einer Autorin, einem Autor befreundet ist, muss man früher oder später (besser früher) vom Rezensieren Abstand nehmen. Aber wenn man ein Werk über längere Zeit mit Wohlwollen verfolgt, dann muss man auch Farbe bekennen, wenn etwas misslungen ist. Das heißt nicht, dass man jedes Buch besprechen muss, aber ich finde schon, dass man sich nicht nur die Rosinen herauspicken kann. Man muss manchmal auch unangenehme Sachen notieren.
Mit dem deutschen Literaturbetrieb ist es so, dass ich da eine gewisse Narrenfreiheit habe. Die haben ja wenig Ahnung von unserer Literatur – von österreichischem Nachwuchs, wenn er nicht in großen Verlagen erscheint, da muss man ihnen das auch erst einmal ans Herz legen, und zwar nachdrücklich. Und dann haben sie wenig Ahnung von der hiesigen Zeitungslandschaft. Sie wissen weniger von mir als ich von ihnen.
Ich vertrete dort offen die Anliegen der österreichischen Literatur. Auch beim Bachmann-Wettbewerb habe ich mich bemüht, die österreichische Literatur vorkommen zu lassen. Und bei der Jury des Bremer Literaturpreises. Nachdem da zum vierten Mal hintereinander ein österreichisches Buch prämiert wurde, sagt der Vorsitzende der Jury zu mir: Das ist schon wieder ein Österreicher. Das ist ihm vorher nicht aufgefallen.

Vom Nachteil der Germanistik

Ich habe keinen Roman in der Schublade, aber ehrlich gesagt sind von mir auch Gedichte erschienen. Das war am Beginn meines Germanistikstudiums. Entweder man muss wirklich schreiben, dann schreibt man weiter, oder man studiert Germanistik, dann hört man auf. Wenn man mit diesem kritischen Besteck und dem Abstand etlicher Jahre die eigenen

Gedichte liest, dann denkt man sich, das kann man nicht ernsthaft publizieren.
Das Schreiben von Literaturkritik im akademischen Umfeld hat Wendelin Schmidt-Dengler für mich vorgelebt. Für die Generation seiner Schüler war das eine Selbstverständlichkeit. Aber mir war klar, dass das scheel angeschaut wird. Schmidt-Dengler war einer der ersten in Österreich, die sich überhaupt mit Gegenwartsliteratur ernsthaft beschäftigt und nicht gesagt haben, der Text muss ungefähr zwanzig Jahre abgelegen sein und dann kann man darangehen, ihn zu verzehren und zu bewerten. Ich habe Kritik einfach gemacht, weil sie mich interessiert. Ich habe schon in meiner Diplomarbeit über Christian Morgenstern und meiner Dissertation über Theodor Kramer so schreiben wollen, dass es nicht nach der Sekundärliteratur klingt, die ich dafür gelesen habe. Ich wollte so schreiben, dass es nicht nach Germanistik klingt. Und das passt ganz gut zur Literaturkritik.

Argument und Auftrag

Der Unterschied zwischen gedruckter und elektronischer Kritik besteht ja nicht einfach zwischen allen Zeitungsrezensionen und den Rezensionen im Netz, sondern nur zwischen den ambitionierteren und der sogenannten Laienkritik, die sich meist mit einer Meinungsäußerung begnügt. Kritik sollte auch argumentieren können, dazu gehört, finde ich, dass man Beispiele bringt, die das belegen, was man behauptet. Sie soll nicht nur behaupten, sondern argumentieren und begründen. Auf jeden Fall problematisch ist der wirtschaftliche Zusammenhang oder Sachzwang: Die Verlage sehen die Literaturkritiker als Verbündete an, und in gewisser Weise sitzen alle Literaturmenschen tatsächlich im selben Boot. Aber man kann keine Kritiken schreiben, wenn man sich das gefallen lässt, als Bild, weil man sich so selbst die Hände bindet. Ein Buch, von dem man überzeugt ist, das möchte man natürlich empfehlen. Man kann ja nicht aus reinem Widerspruchsgeist das Buch verreißen, damit der Verlag keinen Nutzen hat. Die wirtschaftliche Verflechtung, der entkommt man nicht. Man kann nur so tun, als ob man ihr entkommen könnte.

Letzte Instanz

In gewisser Weise ist jede Rezension eine Bevormundung. Eine gelungene Rezension fächert das so auf, dass ein differenziertes Bild entsteht, rein vom Inhaltlichen, vom Thematischen, von der Gattungsgeschichte, sodass man als Leser sagen kann, das interessiert mich, das interessiert mich nicht. Aber letztlich findet diese Korrektur des Kritikerurteils erst statt, wenn der Betreffende, die Betreffende das Buch selber liest. Das letzte Wort hat immer der, der das Buch liest. Dann kann man sagen, was die behauptet hat, das ist völliger Unfug, oder: Naja, da hab ich mir jetzt aber mehr erwartet. Das letzte Wort hat ja Gott sei Dank nicht die Kritik.

Intimes

Dass ein Buch dann gut ist, wenn man nicht aufhören kann, darin zu lesen, ist natürlich ein Kriterium, aber nicht das einzige. Wenn ich mich an meine Kindheit erinnere, dann wären nämlich die besten Bücher, die es gibt, die von Karl May, und ich bin mir nicht sicher, dass das stimmt.

Es ist richtig, dass ich mich in meinen eigenen Biographien auf klassisch erzählerische Elemente verlassen habe. Wendelin Schmidt-Dengler, einer der großen Verfechter der Avantgarde, hat das auf seine Weise auch praktiziert. Beim Lesen war

ich immer ein Vielfraß, ich habe mich schon in der Schulzeit nicht entscheiden können zwischen sperrigen und spannenden Dingen, zwischen klassischer Erzählkunst und zum Beispiel späten Celan-Gedichten. Das ist das Schöne, dass man sich nicht festlegen muss.
Ich habe da ein weites Herz und einen großen Magen. Das geht auf der einen Seite von Konrad Bayer oder sogenannter hermetischer Lyrik wie Celan über ganz eigentümliche Erzähler wie Olga Flor oder Thomas Stangl bis zu Zeruya Shalev, die durchaus etwas Melodramatisches hat.
Ich bin beim Lesen wirklich hedonistisch. Ich will Literatur genießen. Bei einem Text sitzen zu bleiben, der mich langweilt, das mache ich nur, wenn ich darüber schreiben muss. Ich lese sehr gern gute Krimis. Manchmal liest man Bücher, weil man nicht zu Bewusstsein kommen will, und manchmal will man gerade durch Bücher zu Bewusstsein kommen. Man ist ja nicht immer derselbe Mensch, wenn man liest. Man ist nicht immer in derselben Verfassung. Das ist jetzt keine professionelle Aussage, aber in jeder Leserbiographie gibt es Momente, wo einen ein Buch auf dem falschen Fuß erwischt, wo man mit einem Buch nichts anfangen kann, von dem man fünf Jahre später hingerissen ist.

Pfadfindergeist

Neues und auch Abwegiges zu finden, reizt mich schon. Dass man nicht nur die Kataloge von Suhrkamp, Hanser und Fischer durchblättert, sondern auch die von kleinen Verlagen. Aber natürlich ist es so: Jeder hat seine Vorlieben, man hat Lieblingsautoren, da steht dann das nächste Buch schon geistig auf dem Programm, ohne dass einem das jemand vorschlägt. Man will einfach wissen: Wie ist das jetzt? Das hat natürlich auch Vorteile, weil man dann die Bücher eines

Autors miteinander vergleichen kann, es gibt Autoren, denen man treu bleibt. Ich versuche schon, immer auch etwas Abseitiges zu nominieren, auch Lyrik, oder schwierigere Texte. Auch für mich. Das ist egoistisch, weil mir sonst fad wird. Ich lasse manchmal wirklich absichtlich Bücher weg, über die alle reden. Da denke ich mir, wenn über ein bestimmtes Buch in einer Saison geredet wird, von allen, und es wird vorausgesetzt, nicht nur, dass man das gelesen hat, sondern auch, dass man das bespricht, und das sind dann meistens auch noch fette Bücher, da denk ich mir: Das lass ich einfach aus. Ich bin ja nicht in der Schule. Ich kann sagen: Das ist ein Buch, an dem man angeblich nicht vorbei kann, aber ich kann doch vorbei, das geht ganz leicht. Ich bin unsystematisch in meiner Vorgangsweise. Manchmal bin ich von anderen Dingen abgelenkt und nehme am Wegesrand mit, was sich ergibt, und manchmal suche ich gezielt.
Mit Klaus Nüchtern mache ich seit zwölf Jahren das Büchergespräch *Tea for Three* in der Wiener Hauptbücherei. Da leisten wir uns das Vergnügen und den Luxus, uns immer auch einem neu aufgelegten Klassiker zu widmen, den wir uns sonst im Kritikbetrieb nicht zu Gemüte führen würden. Außerdem gibt es Debut-Preise, seit zwei Jahren stelle ich für das Wiener Open-Air-Festival *o-töne* ein Programm mit acht österreichischen Debuts zusammen, da muss ich mich auf jeden Fall umschauen. Oder ich lese etwas in einer Literaturzeitschrift, merke mir den Namen und entdecke ihn in einem Katalog, dann bin ich natürlich neugierig. Was die bedingte Freiheit der Rezensenten betrifft: Man kann immer auch nein sagen. Ich bin ja nicht angestellt. Ich kann einfach sagen, das interessiert mich nicht. Mich kann Gott sei Dank niemand zum Lesen und zum Schreiben zwingen.

III
ESSAY

Ein Gedanke kann nicht erwachen, ohne andere zu wecken.
Marie von Ebner-Eschenbach

Ich bin im Rahmen dieser Vorlesungen aufgerufen, so etwas wie eine »Ars scribendi« in drei Schritten zu entwickeln, und das ist ein paradoxes Unterfangen. Ähnlich wie bei der Ovid'schen *Ars amandi* stellt sich die Frage, ob man den Eros überhaupt erklären, ob es eine Gebrauchsanleitung für den Eros des Schreibens geben kann. Wenn es ein Rezept für das Schreiben, speziell für das Schreiben eines Essays gibt, dann würde ich das so formulieren: Wenn Sie etwas sagen wollen, wenn Sie etwas zu sagen haben, dann fangen Sie einfach an, packen Sie die Materie, so komplex sie sein mag, bei irgendeinem Zipfel, der Rest fügt sich – im Sinne von Ebner-Eschenbachs Motto oder auch im Sinne von Kleists Essay *Über die allmähliche Verfertigung der Gedanken beim Reden.* Beim Schreiben spielt sich das ganz ähnlich ab, wenn man einen Zipfel des Ganzen erwischt, kommt eins zum andern – so wie hoffentlich hier und jetzt.

1. Essayismus als Haltung

Der Essay ist die Gattung der Freiheit. Darunter fallen, jedenfalls für mich, literarische Portraits, Abhandlungen zu ästhetischen, politischen und gesellschaftlichen Fragen, also

Zeitkritik im weitesten Sinne, Aphorismen, Fragmente, polemische Interventionen, es ist ein weites Feld. Beinahe alles, was man so schreibt und was sich ex negativo definieren lässt – es ist *keine* Rezension, es ist *kein* wissenschaftlicher Aufsatz –, könnte ein Essay sein. Der Essay ist eine Form, in der das Ich des Autors, der Autorin entweder Kontur annimmt oder zumindest nicht restlos im Gegenstand aufgeht; was es etwa in einem wissenschaftlichen Text sollte. Andererseits sind gerade da die Grenzen fließend. Dazu später mehr.

Das Wort »Essay« kommt eigentlich aus dem spätlateinischen »exagium«, das Gewicht, davon abgeleitet auch die Handlung des Abwägens und Prüfens. Daraus hat sich das französische Wort »essai« im Sinn von »Versuch«, aber auch »Experiment« entwickelt. Das Prüfen und Wägen gehört auch zum Schreiben eines Essays. Wolfgang Müller-Funk – auf sein Buch beziehe ich mich hier im Wesentlichen – sieht den modernen Essayismus seit Montaigne, also seit etwa 1580 im Spannungsfeld von Experiment und Erfahrung. Ein Experiment ist etwas, was man zielgerichtet durchführt, Erfahrung ist immer etwas, was einem passiert, was einem zustößt. Und doch sind beide Phänomene miteinander verwandt: Man will Erfahrungen machen, man kann aber auch das ganze Leben als Experiment auffassen. Essayismus ist, gerade in der Moderne, eine Haltung, die diesem Erfahrungshunger und der Neugier, die ihm zugrunde liegt, entspricht. (Vgl. Müller-Funk 1995, 36f.)

Im deutschen Sprachraum hat der Essay keinen guten Ruf. Er gilt bald als französische, bald als englische Errungenschaft, folglich als nicht tiefschürfend, als oberflächlich. Theodor W. Adorno hat in einem Essay über den Essay (*Der Essay als Form*) festgehalten: »Der Essay fängt nicht mit Adam und Eva an, sondern mit dem, worüber er reden will. [...] So rangiert er unter den Allotria.« (Adorno 2003, 11) Auch das habe ich gemeint mit der Gattung der Freiheit: Man kann in einem Essay über das reden, worüber man reden will.

Der Essayismus ist darüber hinaus eine parasitäre Angelegenheit, er setzt immer schon voraus, dass etwas wie Wissen existiert. Weiters ist der Essayismus heute »ubiquitär«, das heißt, er durchdringt alle Bereiche der Gesellschaft, die Wissenschaft, die Künste, er ist der moderne Gestus schlechthin, gerade weil er sich jeder Systematik widersetzt. Essayistisches Denken und Schreiben bewegt sich im Raum der Kontingenz, es verabschiedet sich von der Idee einer zwingenden Notwendigkeit. Ein Schlüsselbegriff seit Montaigne ist der Zweifel: Der Zweifel am Absoluten, an der Selbstverständlichkeit von allem steht am Beginn jedes Essays. Im philosophischen Zusammenhang ist damit die Einsicht verbunden, dass die Resultate des eigenen Denkens vorläufig sind, sozusagen permanente Zwischenergebnisse. Oft sind Essayisten Denker, die sich an einem System versucht haben, jedoch gescheitert sind und sich im Bewusstsein ihres Scheiterns quasi mit dem Essay begnügt haben. (Vgl. Müller-Funk 1995, 281f.)
Als Denkmodus ist der Essay außerdem ein Symptom der Krise. In der Moderne hat er seinen Widerpart, die Gewissheit eines definierten Wissens, zusehends verloren. Man kann in vielen Dingen alles so oder auch ganz anders ansehen. Der Essay hat, nicht nur in der Philosophie, sondern auch in der Zeitkritik, eine Vorliebe für den Konjunktiv, für das uneigentliche Sprechen, das Spekulieren, das Überlegen, was möglich wäre. Nicht das Authentische ist für das essayistische Verfahren kennzeichnend, sondern das Künstliche und Ausgedachte, eine gewisse unfokussierte Suchbewegung beim Denken, ein Umherschweifen. Dazu gehört als passendes Vehikel die Ironie. (Müller-Funk 1995, 282, 290)
Immer aber erfährt man durch den Essay auch etwas über die Befindlichkeit des Autors, über sein Verhältnis zum Schreiben, mag es ein glückliches oder unglückliches sein, immer ist es eine Mitteilung, die über den Gegenstand, der im Essay erörtert wird, hinausgeht. Ein Autor, den ich bereits zitiert

habe und der mir am Herzen liegt, auch mit seiner Herangehensweise an den Essay, ist Georg Christoph Lichtenberg. Er, der Physiker und Schriftsteller, hat, bemerkenswert für einen Gelehrten, wie kaum ein anderer den Nutzen des Lesens in Frage gestellt, ja ausdrücklich vor dem Lesen von zu vielen Büchern gewarnt. Ob das heute die richtige Botschaft an die Jugend wäre, sei dahingestellt, dem Büchermenschen waren aber Leute, die Bücher fressen, suspekt: »Vieles Lesen macht stolz und pedantisch; vieles Sehen macht weise, verträglich und nützlich.« (Zit. in: Müller-Funk 1995, 121) Marie von Ebner-Eschenbach widmet dem Problem die kleine Parabel *König Ahmed*: »König Ahmed hatte zwei wißbegierige Söhne: Behmed und Cehmed. Und der König schenkte seinem Erstgeborenen, Behmed, tausend gute Bücher und seinem Zweitgeborenen, Cehmed, ein gutes Buch. Und die wißbegierigen Söhne lasen in einem fort. Und Cehmed wurde weise, und Behmed wurde dumm.« (Ebner-Eschenbach 1920/III, 513) In einem Aphorismus heißt es noch bündiger: »Genug weiß niemand, zu viel so mancher.« (Ebner-Eschenbach 2015, 113)

Für Lichtenberg gefährdet das übermäßige Lesen sogar das Projekt der Aufklärung, die dadurch, dass sie sich selbst absolut setzt, den Leuten das eigenständige Denken erschwert. – »Ist denn Lesen studieren? Es hat jemand mit großem Grunde der Wahrheit behauptet, daß die Buchdruckerei Gelehrsamkeit zwar mehr ausgebreitet aber im Gehalt vermindert hätte. Das viele Lesen ist dem Denken schädlich.« Schließlich: »Ist denn Vergnügen der Sinne gar nichts?« (Zit. in: Müller-Funk 1995, 122) Es ist typisch für Lichtenberg, dass er Sinnlichkeit in das Geschäft des Denkens hineinreklamiert und Wert auf die Verbindung von Kopf und Unterleib legt.

Lichtenberg hat eine neue Art des Schreibens eingeführt, die für mich nach wie vor etwas Erotisches hat – im Sinne eines Eros des Schreibens und Lesens – nämlich eine »programmatische Unordentlichkeit«. (Müller-Funk 1995, 104) Seine Essays sind darin konsequent. Zwar ist klar, dass alles, was er geschrieben hat – seine Fragmente und Aphorismen, die sogenannten Sudelbücher – durch ihn als den denkenden Kopf zusammengehalten wird, aber es finden sich darin ganz disparate Themen und Gesichtspunkte. Er selbst formuliert:

»Wie viel Ideen schweben nicht zerstreut in meinem Kopf, wovon manches Paar, wenn sie zusammenkämen, die größte Entdeckung bewirken könnte. Aber sie liegen so getrennt, wie der Goslarische Schwefel vom ostindischen Salpeter und dem Staube in den Kohlenmeilern auf dem Eichsfelde, welche zusammen Schießpulver machen würden. Wie lange haben nicht die Ingredienzen des Schießpulvers existiert vor dem Schießpulver! [...] so muß man die Dinge vorsätzlich zusammen bringen. Man muß mit den Ideen *experimentieren*.« (Zit. in: Müller-Funk 1995, 106)

Der Essayismus im Sinne Lichtenbergs ist also ein Experimentieren mit Ideen, durchaus mit zündender, explosiver Wirkung, und nicht der Entwurf eines festgefügten Denkgebäudes. Lichtenberg geht als Analytiker im wörtlichen Sinn zu Werke: Er löst Zusammenhänge auf, was bisher (vermeintlich) zusammengehört hat, wird von ihm zerlegt, was einem unzusammenhängend eingefallen ist, fügt sich im besten Fall zu einer Einheit. (Vgl. Müller-Funk 1995, 105f.) Der von Lichtenberg geprägte Begriff des Sudelbuches bezieht sich auf das Notizbuch des Kaufmanns, es ist auch ein Bekenntnis zum Zufall, zur beliebigen Reihenfolge. Dazu gehört, dass man seinen Gedanken freien Lauf lässt. Liest man mehr von Lichtenberg, kommt man drauf, dass sich gewisse Figuren wiederholen, dass er immer wieder auf dieselben Dinge zu sprechen kommt, ohne es selbst zu merken. Und so geht es uns ja auch: Hätten wir ein Sudelbuch, in das wir alles schrie-

ben, was uns einfällt und was wir denken, würden wir wahrscheinlich aus einem zeitlichen Abstand feststellen, dass uns immer wieder dieselben Dinge interessieren.
Auch zur Tücke des Objekts, mit der jeder Mensch zu tun hat, vielleicht derjenige, der denkt und schreibt in besonderer Weise, hat Lichtenberg einiges bemerkt, unwiderlegbar zum Beispiel: »Was man sucht, ist gewöhnlich in der letzten Tasche.« (Zit. in: Müller-Funk 1995, 107) Der Typus des Denkers à la Lichtenberg ist von »allzu schwerem akademischem Gepäck« (Müller-Funk 1995, 108) unbelastet, trägt überhaupt nicht allzu viel Ballast mit sich herum und stellt sein Denken auf Phantasie und Witz ab: »Phantasie und Witz sind das leichte Corps, das die Gegenden rekognoszieren muß, die der nicht so mobile Verstand bedächtlich beziehen will.« (Zit. ebd.) Mit der Vorstellung einer Avantgarde des Geistes verbunden sind Neugierde und Verwunderung darüber, dass die Menschen bis dato, also etwa 1780, noch gar nicht so viel entdeckt haben, wie man meinen hätte können.
Der Essayist Lichtenberg'schen Zuschnitts hat es nicht nötig, Widersprüche oder Schwankungen seines Denkens zu erklären oder gar aufzulösen, er kann sie einfach nebeneinander stehen lassen, sie alle haben ihre Existenzberechtigung. Wie alle echten Essayisten hat Lichtenberg eine Vorliebe für das Nebensächliche und Alltägliche. Und er hat ein neues Thema in die europäische Essayistik eingebracht: den Sprachzweifel. (Vgl. Müller-Funk 1995, 123) Für ihn ist der Essay das Medium der Kritik und der Auflösung, der Destruktion, und das Ziel ist wirklich die Selbständigkeit, die Befreiung der Menschen von dem, was die Aufklärung ihnen als Mündigkeit versprochen hat und was Lichtenberg anzweifelt. So ist sein Essayismus Mittel zum Zweck, und nicht etwas, das selbst ein positives Wissen darstellt: »Wenn man die Menschen lehrt *wie* sie denken sollen und nicht ewig hin, *was* sie denken sollen: so wird auch dem Mißverständnis vorgebeugt. Es ist eine

Art von Einweihung in die Mysteria der Menschheit.« (Zit. in Müller-Funk 1995, 134) Lichtenbergs Essayistik ist eine Einübung ins »Selbstdenken«.

Es gibt einen Essayisten des 20. Jahrhunderts, ich habe ihn bereits erwähnt, der den Essayismus in der Moderne dann auf die Spitze treibt, und das ist Adorno. Er fasst sich selbst in gewisser Weise nicht nur als den letzten Philosophen, sondern auch als den letzten Essayisten auf und spricht vom Splitter im eigenen Auge, durch das man die Welt wahrnimmt. Es geht ihm um das Verletztwerden, auch durch die moderne Erfahrung, durch die Katastrophe des Holocaust; es geht ihm um die Verletzlichkeit des Menschen überhaupt, die er im essayistischen Nachdenken nie vergisst, die er zugleich nicht hinnimmt als etwas Schicksalhaftes. (Vgl. Müller-Funk 1995, 244) Adornos Position als Essayist ist eine aporetische: Er glaubt nicht mehr an das Individuum, doch das Individuum ist Voraussetzung für den Essayismus. Als Essayist ist er, wie er das selber ausdrückt, ein Baron Münchhausen, der sich am eigenen Zopf aus dem Sumpf zieht. Der denkende Mensch nach Adorno ist keiner, der eine »fröhliche Wissenschaft« im Sinne Nietzsches praktiziert, sondern es ist eine traurige Wissenschaft, die im besten Falle eine Art von Galgenhumor zur Verfügung hat. (Vgl. Müller-Funk 1995, 252, 256)

Worauf ich hier hinauswill: Der moderne Essayismus macht etwas Neues in der Selbsterfahrung und Weltwahrnehmung des Menschen zum Thema und reflektiert es dabei, auch in einem wörtlichen Sinn, er spiegelt es wider und kann doch nicht darüber hinwegtäuschen, dass sein Bemühen auf einem flüchtigen Grund gebaut ist, dass es etwas Bodenloses hat. (Vgl. Müller-Funk 1995, 39) Es gibt nichts, woran man sich festhalten kann. Und der Subjektivismus, ohne den der Essay nicht denkbar ist, ist eigentlich längst überholt. Das muss einem bewusst sein, wenn man Essays schreibt.

Die Frage, die im Programm des Literaturhauses formuliert wurde und die man sich zweifellos zu selten stellt, erscheint mir fundamental wichtig: *Was eigentlich tue ich, wenn ich schreibe?* Im Hinblick auf den Essay lautet meine Antwort: Ich zwinge mich zum Ausdruck meiner selbst. Damit sind wir wieder beim Subjekt, das ja angeblich nicht mehr existiert, das aber als Versuchsannahme die Basis des Essayismus darstellt. Was eigentlich tue ich, wenn ich schreibe? Ich zwinge mich zur Äußerung und Entäußerung meiner selbst. Zur Begrenzung und Entgrenzung meines Gedachten. Zur Modellierung der formlosen Knetmasse, die den lieben langen Tag im Kopf gewälzt wird. Der Essayismus ist so gesehen ein Mittel, das Durcheinander aufzuräumen, den Kopf zu entrümpeln, ein paar vorzeigbare Möbelstücke zusammenzusuchen, passend zu gruppieren und auszustellen. Einen Essay schreiben, das ist sozusagen eine hygienische Maßnahme.

Immer ist es ein Aufbruch ins Ungewisse, ein Versuch, eine Entdeckungsfahrt. Man weiß, wo man startet, aber nicht, wo man ankommt. Im Idealfall des Gelingens ergibt sich ein Bogen, auch: ein Spannungsbogen. Dann kommt man nach Umwegen wieder dort an, wo man aufgebrochen ist – aber man hat unterwegs natürlich etwas erlebt, hat sich selbst und seine Reisegefährten überrascht.

Einen Essay zu schreiben ist eine Möglichkeit, für einen selbst herauszufinden, was man denkt, über einen Menschen, einen Autor, eine Sache, ein Problem. Es ist die Herausforderung, das, was man über jemanden oder etwas zu sagen hat, kompakt zu sagen, klar *und* kompakt zu sagen. Essay ist, vielleicht mehr und ausgeprägter als andere Gattungen des Nichtfiktionalen, Stil. Essay ist Stil, weil diese Form wie kaum eine andere der Ort der Erfahrung und der Subjektivität ist. Schreibt man einen Essay, ohne dass sich darin ein Stil ausbildet und offenbart, dann hat man keinen.

Das, meine ich, macht den Essay zur Kür unter den verschiedenen Schreibformen. Es ist eine Haltung, eine Schreibhaltung, es geht überhaupt um Schreiben als Haltung. Innerhalb eines Spektrums an möglichen Haltungen ist der Essayismus eine grundlegende Position. Adorno hat die »Ketzerei«, den »Verstoß gegen die Orthodoxie des Gedankens«, als das »innerste Formgesetz des Essays« bezeichnet. (Adorno 2003, 33) Der Essay hat außerdem etwas mit Passion zu tun, mit Leidenschaft, und ist tatsächlich schwer zu definieren. Es ist ja nicht so, dass ein junger Mensch, wenn man ihn nach seinem Berufswunsch fragt, sagt: Essayist. Das war auch nicht mein Berufswunsch, und trotzdem steht jetzt in meinen Kurzbiographien »Essayistin«. Irgendwie bin ich's also geworden, ohne es je werden zu wollen.

2. Der Essay als Portrait

Sie merken schon: Mit dem Essay kommt man wie selbstverständlich zu einer Lizenz, von Persönlichem zu sprechen. Ich habe natürlich Essays über meine Lieblingsautoren geschrieben, von Kleist und Ebner-Eschenbach über Walther Rode, den Anwalt und Pamphletisten, und Theodor Kramer bis zum Mürzzuschlager Dichter Walter Buchebner, zu Marlen Haushofer, Albert Drach, Elfriede Gerstl, Friederike Mayröcker, Elfriede Jelinek oder zum Aphoristiker Elazar Benyoëtz. Ich zitiere diese Essays hier nicht, das würde zu lang werden – und zu langatmig.

Bei einigen davon war mein Antrieb beim Schreiben, in einen unterbelichteten Winkel ein bisschen Licht zu bringen, nicht unbedingt mit dem Pathos der Wiederentdeckung. Aber entdecken lässt sich mit Gewinn nicht nur einiges in der Gegenwart, sondern auch in der Vergangenheit – und je abseitiger und verquerer das zu Beleuchtende auf den ersten Blick wirkt, desto größer ist die Herausforderung, es auf möglichst einnehmende Weise darzustellen.

In der Germanistik gibt es wie in jeder Wissenschaft Moden. Eine dieser Moden besteht darin, sich von der Literatur wegzubewegen. (Vgl. Kastberger 2017) Das ist ein gesamtgesellschaftliches Phänomen, es betrifft bekanntlich auch den Deutschunterricht an unseren Schulen. Und in der Literatur wie auch in der Literaturwissenschaft gibt es einen eigentümlichen Kanon, an dem man sich abarbeitet, nicht ohne einander im Gedränge auf die Zehen zu steigen. Wenn man zum Beispiel über Thomas Bernhard schreiben möchte, dann ist das Feld sehr dicht. Ich persönlich habe als Leserin schon lange ein Faible für Bernhard, aber wenig Lust, zu ihm zu publizieren.

Andererseits stellen österreichische Autoren in Deutschland, wenn sie nicht gerade Bernhard heißen, für viele eine Terra incognita dar. Das beginnt mit Nestroy und betrifft jedenfalls auch Heimito von Doderer oder Albert Drach und wie gesagt Ebner-Eschenbach: Mir wurde von wohlmeinenden Kollegen dringend abgeraten, mich mit ihr zu befassen. Weil nämlich das Defizit dort nicht als das wahrgenommen wird, was es ist, nämlich eine Bildungslücke, sondern als eine Art wohlerworbenes Recht. Der Kanon gibt im Feuilleton wie in der Wissenschaft die Linie vor und suggeriert Bedeutung, an der teilzuhaben hofft, wer ihn respektiert.

Die Art der Essayistik, von der ich hier spreche, hat also wiederum gewisse Züge einer Missionierung. Und da sind die Grenzen zwischen wissenschaftlicher »community« und allgemein interessiertem Publikum, zwischen Fachpublikation und Essay wie gesagt nicht so akkurat zu ziehen. Zum Beispiel habe ich den Max-Kade-Essay-Preis (ein Preis aus der Sphäre der US-Germanistik) zu meiner nicht geringen Überraschung für einen Text erhalten, den ich der Kategorie »literaturwissenschaftliche Analyse« zugeordnet hätte, der von der Jury der Zeitschrift *Modern Austrian Literature* aber offenkundig als Essay betrachtet wurde (»Gegen die *Wand.* Zu Elfriede Jelineks Lektüre von Marlen Haushofers Roman in *Der Tod und das Mädchen V*«).

Wenn ich überlege, was den Essay im Unterschied zu einer wissenschaftlichen Abhandlung ausmacht, dann fallen wohl auch Klarheit und Verständlichkeit als Kriterien ins Gewicht. Für viele sind eben germanistischer Stil und Verständlichkeit ein Widerspruch in sich. Das muss aber nicht der einzige Grund dafür sein, warum manche Texte eher als Essays wirken und andere als wissenschaftliche Studien. Vielleicht liegt ein Merkmal des Essays auf der Seite der Produzenten im Sich-Einstellen einer besonderen Schreiblust, die über die intellektuelle Befriedigung des Begreifens und Vermittelns hinausgeht. Sie stellt sich ein, wenn Quellen, Zitate, Texte gleichsam miteinander zu sprechen beginnen. Das aber ist wiederum nur dem möglich, der über ein ausgeprägtes Sitzfleisch verfügt. Man muss sich vertiefen, geradezu hineinwühlen in das literarische Material, den Dingen und Sätzen auf den Grund gehen wollen, dieselben Stellen immer wieder und wieder lesen. Ich behaupte: Es gibt beim *close reading* von Texten einen magischen Punkt, einen Umschlag in *closest reading*, aus dem sich eine Vielfalt von Assoziationen ergibt, eine neue und aufregende Freiheit der Verknüpfung. Das kommt mir ein bisschen so vor, wie Maniker ihr Außer-sich-Sein in der Phase der Ernüchterung beschreiben: Plötzlich scheint alles mit allem zusammenzuhängen, ein Zustand poetisch-wissenschaftlicher Erleuchtung. Die Schlüsse und Querverweise, Entsprechungen und Widersprüche fügen sich geradezu von selbst zum Bild. Ein Gedanke, einmal erwacht, weckt andere Gedanken, ja, die sind plötzlich hellwach und quicklebendig und wollen erst einmal gezügelt werden. Was psychopathologisch als Psychose bezeichnet wird, ist beim Literaturwissenschaftler Erkenntnis con brio. Oder genauer: bei der Literaturwissenschaftlerin, die sich nicht schämt, Essayistin zu sein. Ist also nicht, wie in der Psychose, Realitätsverlust, sondern Realitätsgewinn. Jedenfalls bei mir bedeutet das an einem bestimmten Punkt einen Umschlag von Quantität in Qualität, von Sitzfleisch, Materie in Geist, Begeisterung, Enthusiasmus. Spricht man mit Menschen, die Literatur produzieren, dann gebrauchen sie für dieses besondere Gestimmtsein oft den Ausdruck »Flow«. Es sind solcherart verfasste Texte, die ich später selber gern wieder einmal lese. Und es sind solche Texte über Dichterinnen und Dichter, bei denen am ehesten der Funke auf das Publikum überspringt.

3. Der Essay als Empörung

Für mich ist der Essay die Form, die nicht zuletzt dem Ärger ein Ventil öffnet, die sich ihn aber auch als Motor zunutze machen kann. Ich spreche vom Kommentar, von der Intervention, auch der Polemik – Stichwort Kulturpessimismus. Denn eines ist klar: Wenn Sie mit der Welt im Einklang und mit Ihrer Zeit im Reinen sind, werden Sie als Polemiker einen schweren Stand haben. Den haben Sie aber auch, wenn Ihnen der Stoff nicht ausgeht, das ist klar. Das ist ja der Sinn von Polemik, dass man Widerspruch erzeugt. Im medialen Chor des Einverständnisses fehlen heute oft ernsthafte Gegenstimmen. Die Polemik und das Pamphlet haben nicht gerade Konjunktur, Widerspruch ist anstrengend. Dort wo man sich selber nichts denkt, übernimmt man das Vorgedachte, das heißt:

das von der Macht einem Zugedachte. Polemik muss sich den Vorwurf der Unsachlichkeit gefallen lassen. Anton Kuh hat dagegen die Devise ausgegeben: »Nur nicht gleich sachlich werden! Es geht ja auch persönlich.« (Kuh 2016, 269) Sein Widersacher Karl Kraus hat den deutschen Kritiker Alfred Kerr eine »Feuilletonschlampe« genannt, Kerr Kraus wiederum ein »Nietzscherl« und einen »Krätzerich«. Kerr und Kraus, die beiden Juden, schenkten einander außerdem nichts an antisemitischen Unter- und Übergriffen. Der tödlichere Polemiker ist zweifellos Kraus. Er hat in diesem Zwist das letzte Wort. Zuvor stellt er Kerr bloß, er druckt dessen Pamphlet gegen ihn wörtlich in der *Fackel* ab und wendet es so gegen seinen Autor: »Es ist mein Verhängnis, daß mir die Leute, die ich umbringen will, unter der Hand sterben.« (Kraus 1911/I, 29ff.)

Gibt es irgendeinen Grund, dieser brachialen Form von Polemik nachzutrauern? Ja, ich denke schon: ihren Unterhaltungswert. Man will ja kein Blutvergießen, aber ein bisschen mehr sachdienlicher Schlagabtausch mit offenem Visier, das wäre schon etwas. Ich sympathisiere nicht mit der Beschimpfung, aber mit der decouvrierenden Lektüre. Man muss das, was geistige Gegner schreiben, ganz genau nehmen, ganz genau nehmen dürfen, man muss sie beim Wort nehmen und dieses Wort gegen sie verwenden dürfen.

Eine gewisse Widerspenstigkeit, einen gewissen Widerspruchsgeist braucht man also, um sich gepflegt echauffieren zu können. Man muss bereit sein, seinen Idiosynkrasien mit Hingabe zu frönen, bereit sein, nicht nur einzelnes zu missbilligen, sondern alles, was einen so umgibt, grundsätzlich und gründlich, ja radikal schlecht zu finden. Kurzum, gefragt ist eine Grundausstattung an, wie man in Wien sagt, Mieselsucht. Dass ich persönlich darüber verfüge, glaube ich hinlänglich bewiesen zu haben. Nicht zufällig hat einer meiner Essays aus dem Jahr 2002 den bündigen Titel *Vom allgemeinen Niedergang*.

Vom allgemeinen Niedergang

Kulturpessimisten behaupten, alles werde schlechter – und sie haben recht.

Zum Beispiel die Kaisersemmel: Ihr Niedergang, namentlich in der Haupt- und Residenzstadt, ist in steter Beschleunigung begriffen. Ich getraue mich das zu behaupten, weil mein Großvater Bäcker war und mein Urgroßvater und so weiter: Die Bäckerei Panhofer in Langenwang wurde 1692 gegründet. Und im Hause meiner Großeltern hat Peter Rosegger beim Kaufmann Doppelreiter seine Christtagsfreude geholt, und dann hat er wohl in der Bäckerei Panhofer fünf Semmeln gekauft und sich eine, mit ein paar Dörrzwetschken dazu, als Wegzehrung gegönnt: »Es war eine sehr köstliche Mahlzeit. Wenn ich heute etwas recht Gutes haben will, was kostet das für außerordentliche Anstrengungen aller Art!« In unseren Tagen gilt das auch für den Semmelkauf.

Des Kaisers neue Semmeln

Das Selbstverständliche, daß eine Semmel nämlich außen resch und knusprig und innen flaumig weich sein muß, ist schon lange nicht mehr selbstverständlich. Auch bei angeblich frischen Semmeln bricht die ›Kruste‹ stumpf ein und blättert ab, die Konsistenz erinnert an Pappe, das Ganze zerfällt, altbacken fad, ohne Biß im Mund wie weiland Lord Chandos' modrige Pilze. Natürlich, es gibt sie, die Ausnahmebäckereien, aber es gibt auch die Supermarkt-Zehnerpackung mit den feucht-schwammigen, zähleibigen Semmelimitaten. Und irgendwer muß das ja wohl kaufen. Nicht die Mündigkeit, sondern die Anspruchslosigkeit ist die Tugend des gemeiniglich mundfaulen Konsumenten. Daß ein Handwerk das eigene Niveau ständig unterbietet, kann nicht am mangelnden Können liegen. Beim Urlaub im Salzburgischen oder Tiroli-

schen begegnet man ihnen ja immer noch, den richtigen Kaisersemmeln, die als maschinell hergestellte Produkte besser sind als manch Handgemachtes in der Wienerstadt. Offenbar hat sich das Kaisersemmelleitbild der Bäckerzunft grundlegend gewandelt: vom Imperialen zum Instant-Plebejischen, zur widerstandslosen Hamburgerbegleiterscheinung, zum kukidentkompatiblen Semmelersatz für Beißschwache. Dabei bekommt man unsere Semmeln als ›Kaiser rolls‹ sogar in New York, durchaus sortentypisch, nur viel größer, wie alles in Amerika.
Die Großbäckerei Anker, ehemaliges Aushängeschild des Roten Wien, heute in deutschem Besitz und verlustträchtiger denn je, hat hingegen angekündigt, die Produktion der k.u.k. Kaisersemmel überhaupt einzustellen: der maschinelle Aufwand, das Weißgebäck in fünf Segmente zu teilen, sei zu groß. Der imperialistische Gestus hatte sich schon nach der Übernahme gezeigt, als man das Linzer Radl resp. Auge in offen kulturrevolutionärer Absicht in ›Spitzbub‹ umbenannte und statt mit Staub- mit wesensfremdem Kristallzucker bestreute. Nun könnte man beklagen, dass kulinarischen Invasoren hierzulande halt gar nichts heilig sei. Man kann's aber auch umgekehrt sehen: Sie ziehen die geziemenden Konsequenzen. Denn nur eingefleischten Republikanern kann ›Kaisersemmel‹ noch als passende Bezeichnung für derartig Degeneriertes erscheinen. In seiner von historischem Glanz zehrenden Schäbigkeit, seiner von kränkelndem nationalem Selbstbewusstsein zeugenden Beliebigkeit ist das Backwerk ein gültiges Symbol der Republik im Istzustand.

Gaulschreck und Rösser-Reform

Von der Kaisersemmel zum Lipizzaner ist es bloß ein Rösselsprung. Seit über 400 Jahren gibt es die Spanische Hofreitschule zu Wien. Sie hat allein im letzten Jahrhundert die Hungerzeit nach dem Ersten Weltkrieg überstanden, die ökonomische Krise der dreißiger Jahre, die Eingliederung in die Wehrmacht, die Gefahren der russischen Besatzung und die Herpes-Pferdeseuche der achtziger Jahre. Niemals hat es in dieser Zeit Zweifel am Daseinszweck der Schule gegeben: eine Stätte der Pflege der Klassischen Reitkunst zu sein. Jetzt hat man sie ›ausgegliedert‹, was man, einem unerklärlichen Modetrend zufolge, für den ersten Schritt einer in jedem Fall begrüßenswerten Reform an Haupt und Gliedern hält. Das neue Haupt, ein Herr Dr. Pohl, setzt nun alles daran, die Pferde vor den Karren der Effizienz zu spannen und die Spanische zu einer Allerweltseinrichtung zu machen – ›besucherfreundlich‹, also mit den unvermeidlichen Götzen des zeitgemäßen Museumskultes: Café und Shop. War die Arbeit der Hofreitschule stets Selbstzweck, nämlich Vervollkommnung einer Kunst, so soll sie nun endlich dem unumschränkt herrschenden Prinzip des Geldverdienens untergeordnet werden. Bot die öffentliche Morgenarbeit in der Winterreitschule bisher einfach Gelegenheit, hinter die Kulissen der höchst aufwendigen Ausbildung zu schauen, so soll sie künftig für Touristen inszeniert werden, während die Equipe auf Tournee ist. Eine Art zweite Garnitur soll die Nachfrage in Schönbrunn befriedigen, das laut Roland Rainer immer mehr zum kakanischen Disneyland verkommt und wo nicht nur Fiaker verkehren, sondern seit kurzem auch ein dieselbetriebener (!) Touristenzug. Daß die braven Lipizzanerhengste während der Hitze des Sommers traditionell im Lainzer Tiergarten zur Erholung weilen, wo man den Fremden doch gerade dann das meiste Geld abknöpfen könnte, ist den Ressourcen-Verwertern ein Dorn im Auge. Sie wollen mehr Pferde, mehr Bereiter, mehr Platz. Das kostet auch viel mehr Geld, das dann durch noch effizientere Tierbewirtschaftung hereinkommen muß. Das sind aber keine Ackergäule, sondern Balletttänzer, Akrobaten, Spitzensportler. Wer die strengen Auswahlkriterien und das Niveau der Schule kennt, weiß, daß mehr Quantität nur auf Kosten der Qualität gehen kann. Und das wissen natürlich auch die Bereiter, die sich gegen die Globalisierung der Hohen Schule sträuben.

Sind die Österreicher nach wie vor stolz auf ›ihre‹ weißen Pferde, so nennt der Bundeskanzler sie, abschätzig wohlgemerkt, in einem Atemzug mit den Mozartkugeln und der Neutralität. Der Politikerkaste, die heute im Sattel sitzt, mangelt es an jedem Sensorium für Werte, die sich nicht in Euro bemessen lassen. Schönheit zum Beispiel oder Würde, Tradition. Daß die Lipizzaner schon bisher mit wahrhaft bescheidenen Kosten für die Allgemeinheit umwegrentabel zum Ruhm des Landes Gewaltiges beigetragen haben, zählt nicht. (Sie erinnern sich an das Photo: Rudolf Sallinger, eher nicht von Kavalleristenstatur, Ronald Reagan und der Hengst!) Manchmal läßt man etwas über Jahrhunderte Bewährtes halt am besten so, wie es ist, damit es seine Einmaligkeit behält. Aber wir brauchen ja Reformen! Und die Medien applaudieren in trauriger Unbedarftheit. So empfahl ein ORF-Bericht, die Spanische möge sich doch an einem zweitklassigen Showunternehmen aus Spanien ein Beispiel nehmen. Ad fontes? Die Quelle liegt niemals tiefer als der Fluß.

Post.at bereinigt

Die Fähigkeit, Symptome des Abstiegs in Manifestationen des Fortschritts umzudeuten, geht mir auch auf dem Gebiet der öffentlichen Infrastruktur ab. Ich vermag mich nicht darüber zu freuen, wenn in einem Ort, der keinen Greißler, keinen Pfarrer und kein Wirtshaus mehr hat, nun auch noch der Bahnhof aufgelassen, das Postamt zugesperrt und der Gendarmerieposten geschlossen wird. Der verwöhnte Städter tut sich leicht, die neue Dorftristesse als Strukturbereinigung willkommen zu heißen – bis er selbst draufkommt, daß sein Postamt ums Eck jetzt eine Stunde früher schließt. Oder fällt Ihnen irgend etwas ein, was in den letzten Jahren im Zuge der Privatisierung der Post für den Kunden besser geworden ist? Beim Telephonieren wird die Senkung der Gesprächstarife nicht nur durch die Anhebung der Grundgebühren mehr als wettgemacht: Serviceleistungen, die früher gratis waren, kosten heute etwas, was günstig war, wurde saftig verteuert. Im Briefverkehr hat man das Telegramm und die Expreßzustellung im Inland abgeschafft, der Ersatz dafür kostet viel mehr. Bei ›normalen‹ Briefen hält die Post heute eine österreichweite Zustellung am nächsten Werktag für eine utopische Forderung. Was in der Monarchie noch mehrmals täglich möglich war, ist heute, im Zeitalter des Schnellzugs, Zukunftsmusik. Immer öfter verschwinden Briefe und Päckchen überhaupt im Bermudadreieck des Zustelldienstes. Dabei verkünden die Slogans chronische Unterforderung. »Ich fühl mich so leer«, läßt die Post den gemeinen gelben Briefkasten per Etikett klagen, wo sie Etikette vermissen läßt: Seit etlichen Monaten hat man landesweit die detaillierte Porto-Information auf dem Kasten mit einem lapidaren, aber unanfechtbaren ›Post.at‹ überklebt. Die Angaben würden demnächst aktualisiert, hieß es vor einem halben Jahr. »Wem Zeit wie Ewigkeit, und Ewigkeit wie Zeit, der ist befreit von allem Leid«, sagt Jakob Böhme, und so müssen wir uns die privatisierten Postfüchse als glückliche Menschen vorstellen. Den Parameter Zeit haben sie aus ihren Kalkulationen eliminiert: Auf eine Beschwerde kommt nach vier Monaten die beruhigende Antwort, daß selbige unverzüglich an die zuständige Stelle weitergeleitet würde – mehr wird nicht versprochen und muß auch nicht gehalten werden.

Der Zug ist abgefahren

Weniger robuste Naturen könnten das deprimierend finden: Österreich gehört zu den reichsten Ländern der Welt und will seinen steuerzahlenden Bürgern und Bürgerinnen nicht mehr jene Infrastruktur bieten, die bis vor wenigen Jahren selbstverständlicher Standard der Moderne war. Jetzt müßte man eigentlich von der ›Neuen Bahn‹ zu reden anfangen: vom Elend der Bahnhöfe, von der flächendeckenden Schließung der Gepäcksaufbewahrung, der Abschaffung des unbürokratischen Fahrradtransports, der galoppierenden Unpünktlichkeit, der Verwahrlosung der Züge. Aber, ach, schimpfen erfrischt nur bis zu einem gewissen Punkt, sobald Uferlosigkelt droht, erschöpft es. Denn es scheint, als sei das Neue an der Neuen Bahn vor allem der verkehrspolitische Auftrag, Kunden zu vergraulen, koste es, was es wolle. Zum Trost werden die Schaffner ›Zugbegleiter‹ genannt und die Erste Klasse ›business class‹, wie überhaupt immer affektiertere und glanzvollere Zeitgeist-Termini über immer dürftigere Leistungen hinwegtäuschen sollen. So heißt das ehemalige ›Umweltticket‹, mit dem man Fahrkarten zum halben Preis beziehen konnte, heute, da der Egoismus salonfähig ist, ›Vorteilscard‹ – dafür bekommt man trotz kräftiger Preiserhöhung die 50 %-Reduktion nicht mehr, sondern nur eine um 45 %, außer man kauft die Karte beim Automaten, den es in den meisten Bahnhöfen freilich nicht gibt: G'schicht meinen Stammkunden recht, wenn sie sich giften tun – hättens ihna a Auto kauft!

Kreative Köpfe brechen herunter

Wir alle wissen, daß die ›Vorteilscard‹ auf keinen Fall ›Vorteilskarte‹ heißen dürfte, weil dann jeder sofort merken würde, was für ein altmodisches Unternehmen die ÖBB sind. Vielleicht haben Sie ihn in diesem kleinen Potpourri schon vermißt: den Niedergang der Sprache. Nein, es stört mich nicht, wenn Fachausdrücke der Computerwelt als englische Fremdkörper ins Deutsche eindringen. Man kann zwar sehr gut ›herunterladen‹ statt ›downloaden‹ sagen, aber nicht gut ›Elektrobrief‹ statt ›E-Mail‹. Weniger leuchtet mir schon ein, warum eine Währungsunion, der kein einziges englischsprachiges Land angehört, sich darauf einigt, das gemeinsame Geld ausgerechnet in ›Cents‹ zu zählen. Merkwürdig ist der Kleinmut der kreativen Köpfe, die lächerliche Anbiederung an eine Chimäre der Modernität, die stets im englischen Kostüm auftritt. Werden unsere Ministerien umgekrempelt, effizient, schlank und serviceorientiert, versteht sich, dann darf so eine neue Super-Einheit nicht mehr Präsidium heißen oder Zentrum, sondern nur: Center (s. Shopping). Richtig, die offizielle Amtssprache ist nach wie vor Deutsch. Aber das ist ja ein dehnbarer Begriff. Nehmen wir ein so häßliches deutsches Wort wie ›Krankenschein‹: Den kann man nicht einfach digitalisieren und in ›Krankenkarte‹ umtaufen, ein bißchen englischer muß es schon sein. Also: Chip-Karte. Weil aber ›Karte‹ immer noch hoffnungslos nach 19. Jahrhundert klingt, wird das Ding jetzt auf gut deutsch ›e-card‹ heißen: flott, cool, richtig sexy. Auch den Deutschtümlern im Regierungslager kommt das schon ganz locker über die Lippen. Man kann die eigene Sprache freilich auch ohne Fremdeinwirkung malträtieren. Unlängst habe ich zweimal aus Bildschirmmündern gehört: »Wenn ich das jetzt herunterbreche …« Gemeint war – ja, was? Etwas ähnliches wie ›Schlüsse ziehen‹ oder womöglich ›ausrechnen‹? Aber: Auch wer der Sprache mit der Brechstange zu Leibe rückt, kann sie nicht ganz herunterbrechen. Für ihren Niedergang gibt es keinen absoluten Nullpunkt, es geht immer noch ein bisserl tiefer.

Daniela Strigl, in: Wiener Journal, Nr. 260, Mai 2002

Ein weites Feld, wie man sieht, der Essay ist der ideale Aufbewahrungsort für Kraut und Rüben. Und auch da gilt: Alles muss man selber machen. Es ist ja nicht so, dass das, wogegen man so Einspruch erhebt, andere Zeitgenossen nicht zum Einspruch reizen würde. Sie erheben ihn nur nicht. Sie warten, bis man selber sich geäußert hat, um dann zu sagen: Endlich erhebt einmal jemand Einspruch. Höchste Zeit, dass das einmal wer laut sagt! Gerade auf dem Feld der Universität habe ich mich doch gewundert, was alles an Tort den dort Tätigen zumutbar ist, ehe einer die Wahrheit ausspricht. Gerade pragmatisierte Beamte und Professoren hätten doch nichts zu verlieren, habe ich mir gedacht. Nach dem Tod Wendelin Schmidt-Denglers, der neben vielem auch ein glorioser Rappelkopf war, hat jedenfalls in meiner unmittelbaren Umgebung des Wiener Germanistischen Instituts niemand mehr mit Lust den Fehdehandschuh gegen Politik und Bürokratie geworfen. 2012 war der Leidensdruck bei mir entsprechend groß. Da habe ich für den *Standard* einen »Kommentar der anderen« verfasst, dem der Redakteur den alliterationstrunkenen Titel *Brüssel, Brandschutz, Bildung: Bürokraten im Baurausch* gab. Mein eigener Titel hatte gelautet: »Think BIG«.

Brüssel, Brandschutz, Bildung: Bürokraten im Baurausch

Betrete ich die luxuriöse Ruinenbaustelle des Hauptgebäudes der Universität Wien am Lueger-Ring, bin ich sofort deprimiert. Seit Jahren wird mit gigantischem Aufwand gestemmt, gebohrt, eingerüstet, abgerissen, aufgerissen, verlegt, gefliest, ausgetauscht, gestrichen, geschleift und geschliffen und oft gleich wieder von vorn – in erster Linie nicht zur Erhaltung der Substanz, sondern zur Erfüllung einer ominösen EU-Vorgabe in Sachen Brandschutz, deren Verbindlichkeit nicht zu überprüfen ist, weil sie nie jemand zu Gesicht bekommen hat.

Gut, für Neubauten gibt es gewisse Auflagen. Daß aber die Eigentümer denkmalgeschützter öffentlicher Gebäude nicht einfach von Brüssel dazu vergattert werden können, monströse Summen in deren Umbau zu stecken, sagt einem der Hausverstand. Man stelle sich vor, die EU würde Rumänien, Bulgarien oder Griechenland

zwingen, ihre Universitäten so lange umzubauen, bis sie Gnade vor den Augen der Hardcore-Brandschützer finden.
»Brandschutz« ist jedenfalls eine Zauberformel, die in Frage zu stellen sich niemand getraut. Mit dem Totschlagwort »Sicherheit« läßt sich jede ökonomische Wahnsinnstat rechtfertigen. Entscheiden tut das nicht die vermeintlich autonome Universität, sondern ihre Hausherrin, die Bundesimmobiliengesellschaft BIG, die zu 100 Prozent der Republik Österreich gehört. Und sie tut das mit gottvaterähnlicher Autorität, ihre Entscheidungen sollen tunlichst wie Orakelsprüche hingenommen werden, das heißt: als alternativlos. Das Letzte, was hier zählt, sind die Bedürfnisse des Universitätspersonals oder gar studentisches Wohlbefinden. Offenbar werden die Zeit- und Energieverluste der Betroffenen sowie die Aushöhlung des Denkmalschutzes durch beträchtliche Firmenprofite mehr als aufgewogen.

So wurden an der Uni aufwendigst Brandmeldeleitungen verlegt, massenweise Original(schwing)türen samt Messingbeschlägen herausgerissen und durch sündteure Konstruktionen ersetzt, ohne jede Sicherheitsrelevanz auch die klassischen Kugellampen durch lichtscheue Design-Ungetüme; nun geht man sogar daran, in *jedem Büro* z. T. frisch gestrichene Holztüren gegen das Auge beleidigende Sicherheitstüren zu tauschen.
Während also Forschung und vor allem Lehre in diesem Hause am Hungertuch nagen – das Institut für Germanistik etwa kann sich zum ersten Mal die Zierde externer Lehrender nicht mehr leisten –, während die Strukturen bröckeln und der Betrieb nur durch das überdurchschnittliche Engagement der Beteiligten aufrecht erhalten werden kann, ersteht vor uns die allumfassende Pracht garantiert feuerfester Hightech-Aufrüstung. Staunend und neidisch stehen wir akademischen Hungerleider vor dem Wunder schier unerschöpflicher Ressourcen. Ja, ich weiß: das im Baurausch verpraßte Geld kommt aus einem anderen Topf, aber es

trägt bekanntlich kein Mascherl. Es handelt sich um Steuergeld, unser Geld also.

Nach jahrelangen Dauerattacken durch Dreck und Lärm auf die ein gewisses Maß an Konzentration erfordernde »Kernkompetenz« dieser Einrichtung kommt nun der Höhepunkt im schildbürgerlichen Trauerspiel.

Glücklicherweise – für die mitschneidenden Akteure – hat man entdeckt, daß das germanistische Institut über ein zwar altbewährtes, aber bürokratisch gesehen zu schmales Stiegenhaus samt Lift verfügt. Man beschloß also – Think BIG! –, zwecks Raumgewinn nicht bloß den Lift zu entfernen, sondern gleich alles abzureißen und richtig schön groß wieder aufzubauen. Es gibt zwar noch zwei andere »Fluchttreppen«, und durch die Erweiterung des Stiegenhauses würden in dem von Raumnot geplagten Haus kostbare Büro (und Klo-)flächen verloren gehen. Macht nichts, das ist es uns wert! Die angrenzenden Büros werden für ein Jahr in ein zu mietendes Ersatzquartier ausgelagert. Im Hof, hieß es, werde eine provisorische Treppe samt Aufzug gebaut. Und jetzt, wo beides nach etlichen eher peinlichen Pannen (wie Bestellung eines Innenlifts statt Außenlifts, Vergessen einer Fassaden-Abstützung) Formen annimmt, erfährt man: o nein, das bleibt. Damit aber wäre ja der Abriß des Stiegenhauses schlicht überflüssig. Gnade! Baustopp! Endlich Ruhe. Aber sagen Sie das einmal der BIG!

Kolportierte Kosten allein dieses absurden Projekts, ohne Übersiedlung und Quartieranmietung: 30 Millionen. Angeblich hätte es zu alldem eine Alternative gegeben: einen Probealarm, um festzustellen, wie lange es jetzt wirklich dauert, bis die Leute im Arkadenhof unten sind. Man hat lieber darauf verzichtet, es standen ja Millionenaufträge auf dem Spiel. Und die Baulobby hat den Rektor unter Druck gesetzt: im Brandfall würde er persönlich (!) haften.

Zu untersuchen, wer hier warum und zu wessen Nutzen, doch jedenfalls zum Schaden der Betroffenen und des Steuerzahlers das Hirn ausgeschaltet und die Spendierhosen angezogen hat, fällt nicht in die Kompetenz der Germanistin, sondern des Rechnungshofs. Vielleicht erfahren wir es erst in einem parlamentarischen Untersuchungsausschuß des Jahres 2022.

Daniela Strigl, in: Der Standard, 23.6.2012

Nach dem Erscheinen dieses Textes wurde ich zum Vizerektor zitiert, der mir eröffnete, er sei bitter enttäuscht von mir, weil ich in dieser Angelegenheit nicht vorher zu ihm gekommen sei. Ich habe ihm dann gesagt: Wäre ich vorher zu Ihnen gekommen, hätten Sie mir nicht dringend abgeraten, diesen Text zu veröffentlichen? Ja, gab er zu. Und ich sagte: Eben. Außerdem, so der Vizerektor, sei dies wohl eine Einzelmeinung. O nein, widersprach ich ihm, in den Couloirs des Instituts würde ich nun von allen Seiten beglückwünscht. Ach, meinte er, das sei doch typisch österreichisch, heimlich schimpfen und sich nicht getrauen, es auch öffentlich zu tun ... So viel zum komplexen Verhältnis von Obrigkeit, Toleranz und Freiheit.

Stärker noch war der Gegenwind, den jene Texte ausgelöst haben, die ich im Wiener *Falter* und in der deutschen *Welt* zum Niedergang der Spanischen Hofreitschule geschrieben habe.

Die Krise der Pferde

Was wird aus den Lipizzanern? Die Spanische Hofreitschule ist ein Wiener Mythos. Doch die Kommerzialisierung bedroht die schöne Kunst des Reitens. Ein Abgesang von Daniela Strigl

Lange Zeit war sie ein Thema, das Pferdefachleute unter sich diskutierten, jetzt hat die Krise der Spanischen Hofreitschule die österreichischen Titelseiten erobert: »Zank um die Lipizzaner« (Kurier), »Todesdrama in der Hofreitschule« (Heute), »Hofreitschule war sein Tod« (Österreich), »Spanische Hofreitschule: Jetzt droht Streik« (Heute), »Weiße Pferde, dunkle Zeiten« (Falter), »Stresstod eines Lipizzaners« (Kurier), »Star-Lipizzaner starb beim Zahnarzt« (Heute).
Was wie die Ausrufung eines nationalen Notstands anmutet, ist die Reaktion auf zwei Todesfälle im ältesten Reitinstitut der Welt: Zuerst nahm sich im September ein altgedienter Bereiter das Leben – er erhängte sich in seinem Dienstzimmer; im Oktober musste ein fünfjähriger Hengst nach Komplikationen infolge einer Zahnbehandlung eingeschläfert werden. Nicht nur im Boulevard schlug sein Tod noch höhere Wellen. Vorwürfe wurden laut, Pluto Dispintas eitriger Zahn sei zu spät behandelt worden, der Tierarzt erklärte, die letztlich tödliche Stressbelastung sei nicht auf eine Überbeanspruchung zurückzuführen, sondern auf den Eingriff; der finanzielle Schaden – ein ausgebildeter Schulhengst ist rund 100 000 Euro wert – blieb nicht unerwähnt, die Sprecherin der Hofreitschule nannte den Vorfall »bedauerlich« und sprach zugleich von »natürlicher Selektion«.

So wenig die Schuldfrage in diesem Fall geklärt werden kann, so wenig lässt sich naturgemäß beweisen, dass das hofreitschulinterne Betriebsklima und der auf den Bereitern lastende wirtschaftliche Druck den 47-jährigen Harald B. in den Selbstmord getrieben haben. Seine Kollegen sahen es trotzdem so: Als B. von der Geschäftsführung postum zum Alkoholiker erklärt und von einem der ihr nahestehenden »Freunde der Spanischen Hofreitschule« wenig taktvoll als »Abschusskandidat« bezeichnet wurde, trat der »Beirat« der Bereiter zurück und drohte erstmals mit Streik.

Ausgeglichen ist in der »Spanischen« heute weder die Bilanz noch sind es Mensch und Tier. Die Entwicklung zum Problemfall setzte vor zehn Jahren ein, als die Spanische Reitschule samt dem Lipizzanergestüt Piber als Prestigeprojekt des Privatisierungsfeldzugs von Bundeskanzler Schüssel aus der staatlichen Verwaltung ausgegliedert und in eine Gesellschaft öffentlichen Rechts überführt wurde. Als Tribut an die Fremdenverkehrsmarke des imperialen Wien erfolgte die Rückbenennung in »Spanische Hofreitschule«, nach dem Motto: klingender Name, klingende Münze.

Das einzige Institut der Welt, in dem zumindest seit 1565 die Hohe Schule der klassischen Reitkunst in ihrer reinsten Form gelehrt wird, verdankt seinen Namen den »spanischen Pferden«, die an den Fürstenhöfen Europas Furore machten und der im 1580 von Erzherzog Karl II. gegründeten Karst-Gestüt Lipizza neu gezüchteten Rasse ihr bis heute barockes Gepräge verliehen. Existierten Schule und Lipizzaner jahrhundertelang allein zum Nutzen und Frommen des kaiserlichen Hofes, so wurden sie im Hunger- und Revolutionsjahr 1918, als ihnen mit der k. u. k. Konkursmasse die Liquidierung – den Pferden buchstäblich: die Schlachtung – drohte, mit dem Zugeständnis öffentlicher Vorführungen für die Republik gerettet. Seither ist auch die touristische Präsentation der weißen Hengste Teil des Schullehrplans.

Mit der Ausgliederung 2001 veränderte sich indes die Gewichtung, nicht zuletzt weil die Hofreitschule mit dem Handicap Piber ins Rennen ging: Dass ein Gestüt nicht mit Gewinn zu führen ist, hatte schon Joseph II. einsehen müssen. Ging es früher in erster Linie um die Arbeit am weltweit einzigartigen Niveau des Rosse-Balletts, um die Pflege der Tradition und die Weitergabe des Wissens an die folgende Generation mittels mündlicher »Directiven«, so wurden unter dem von der Politik ausgeübten Rationalisierungsdruck die Karten- und Merchandising-Erlöse immer wichtiger.

Mehr und mehr nahm man die Lipizzaner an die Kommerz-Kandare und degradierte sie zu Werbebotschaftsträgern und touristischen Melkkühen. Heute können sie keinen Rossapfel fallen lassen, ohne dass irgendein Vergolder hinzuschösse: Morgenarbeit mit Musik, Fohlen-Besuch aus Piber auf Rollrasen in der Wiener Stallburg, Almauftrieb als Inszenierung.

2007 wurde Elisabeth Gürtler (neben Erwin Klissenbauer) von Landwirtschaftsminister Erwin Pröll zur Geschäftsführerin bestellt. Die Chefin des »Hotel Sacher«, zuvor auch Organisatorin des Wiener Opernballs, empfahl sich einerseits als für nationale Heiligtümer zuständige Hohepriesterin, andererseits genießt sie den Ruf einer eisernen Lady. Quantität statt Qualität ist nun angesagt, Expansion statt Tradition, Werbung statt Würde, Zirkus statt Kunst.

Die Zahl der Vorführungen pro Jahr wurde erhöht, von etwa 45 öffentlichen auf zuletzt 75, dazu kommen private Auftritte und Tourneen. Die Ferien der mit Hochleistungssportlern vergleichbaren Schulhengste wurden extrem verkürzt. Eine zweite Tournee-Equipe soll auf die Beine gestellt werden, freilich mit den bestehenden dreizehn Bereitern. Genügend begabte Hengste zu finden erweist sich jedoch als schwierig, zudem gab es in diesem Jahr in Piber nur 31 Fohlen, so wenig wie noch nie.

Während der »Freundeskreis der Spanischen Hofreitschule« all das kritisiert, stellen Frau Gürtler und ihre »Freunde«, unter ihnen immerhin Olympiasiegerin Sissy Max-Theurer, eine Überlastung von Ross und Reiter in Abrede, die Pferde seien keineswegs häufiger krank oder lahm. Auch sei der Niveauverlust eine böswillig verbreitete Unwahrheit.

Dass dem nicht so ist, davon kann sich jeder nicht nur bei der Winterreitschule Kaiser Karls VI. überzeugen, sondern auch anhand etlicher Aufnahmen im Netz. Es fehlt gerade an jener Perfektion, Eleganz und Harmonie zwischen Reiter und Pferd, für die man weltberühmt ist. Die Schulquadrille, einst der Höhepunkt des Programms, wurde auf die Hälfte verkürzt, Abstände und Linienführung sind, für jeden Laien erkennbar, nicht exakt, die Gangarten werden nicht von allen acht Pferden eingehalten. Piaffe, Passage, Pirouette im Galopp und fliegender Galoppwechsel lassen Sicherheit und Schwung vermissen. Die Darbietung der auf Xenophon (»Über die Reitkunst«) zurückgehenden Schulen über der Erde, der bekannten Porzellanfigur der Levade und der Schulsprünge Courbette und Kapriole, missglückt zum Teil sogar erbärmlich.

Kein Wunder, stehen derzeit doch nur zwei Oberbereiter für die Ausbildung von Hengsten und Bereitern zur Verfügung. Drei der international gefragten Spitzenfachleute wurden in den letzten Jahren bei laufenden Bezügen »spazieren« geschickt, weil sie gegen die verordneten Änderungen opponierten – darunter der amtierende Erste Oberbereiter Klaus Krzisch, dem die Direktion mit Ernst Bachinger einen »Leiter der Reitbahn« vor die Nase gesetzt hatte, dessen reiterliche Fähigkeiten umstritten sind.

So etwas passiert nicht einfach, das nennt man Politik. So lässt Elisabeth Gürtler Gesprächspartner freimütig wissen, eine Dressurausbildung der Stufe M (mittel) genüge für die Hengste allemal, die Touristen würden den Unterschied eh nicht merken. Das klingt ein wenig so, als würde man in der Wiener Staatsoper mangels geschulter Zuhörerohren auf das hohe C verzichten. Nebenbei verstößt dieser Blick vom hohen Ross auch gegen den Geist des Hofreitschul-Gesetzes, das die »Erhaltung der Tradition und der Hohen Schule der klassischen Reitkunst« fordert, die eben in erster Linie das ist: eine Kunst und nur deshalb auch eine Tourismus-Attraktion.

2010 wurde die Hohe Schule in die Unesco-Liste des »immateriellen Kulturerbes« Österreichs aufgenommen: Noch nie war dieses Erbe so gefährdet wie jetzt. Ein Grund mehr für die (selbst reitende) Kulturministerin Claudia Schmied (SPÖ), die »Spanische« vom Landwirtschaftsminister (ÖVP) für ihr Ressort zu begehren. Doch dieser will sie, obgleich in der Materie ahnungslos, nicht ziehen lassen. Die Ausgliederung jedenfalls ist mit einem akkumulierten Defizit von 24 Millionen Euro auch wirtschaftlich gescheitert. Bedenkt man, dass Österreich dem Lipizzaner-Image laut einer Studie einen jährlichen Umsatz von geschätzten 120 Millionen verdankt, dann wäre die von Experten zusätzlich geforderte staatliche Subvention von ein bis zwei Millionen per annum nicht nur recht, sondern sogar billig.

Daniela Strigl, in: Die Welt, 1.1.2012

In der Sache, das muss ich sagen, war mein Bemühen vergeblich, denn die von mir kritisierte Direktorin sitzt nicht nur nach wie vor fest im Sattel, sie erhält auch einen Orden nach dem anderen. Wie dem auch sei: Der Essay bietet Ihnen jedenfalls die Gelegenheit, ungeniert Ihr Steckenpferd zu reiten. Man kann sich über alles empören.

Ein weiterer Kommentar, der einige Aufregung ausgelöst hat (die man im Online-*Standard* an der Zahl der Postings ablesen kann), galt 2006 Gustav Klimts sogenannter Goldener Adele und der Causa Bloch-Bauer. Er erschien unter dem Titel *Adele revisited. Wider den blinden Eifer der Empörten* (http://derstandard.at/2357197/2526-2-Adele-revisited--Wider-den-blinden-Eifer-der-Empoerten). Damals gab es ein Schiedsgerichtsurteil zur Frage einer Restitution des Gemäldes aus dem Bestand des Belvedere an die Erben, und ich habe gegen dieses Urteil, das die Rückgabe empfahl und das ich für politisch motiviert hielt, juristisch argumentiert.

Ich habe mich also einmal mehr in Dinge eingemischt, von denen ich nichts verstehe oder für die ich jedenfalls als Germanistin nicht zuständig bin. Natürlich habe ich mich in die Materie vertieft, mich gründlich eingelesen, was mir als Tochter eines Anwalts nicht allzu schwer gefallen ist. Das Movens meiner Intervention war aber eben, dass die fachlich berufenen Kritiker, die Juristen, zu diesem eklatanten Fall von Rechtsbeugung aus vermeintlicher Staatsräson öffentlich nichts zu sagen hatten. Es hatten sich nur Stimmen zu Wort gemeldet, die in der Sache auf die eine oder andere Weise Partei waren. Nach der Veröffentlichung des Kommentars fehlte es dann wieder nicht an Reaktionen von Anwälten und Restitutionsexperten, die mich beglückwünschten und mir recht gaben, die meisten allerdings nur im privaten Verkehr. Unter den Briefen, Mails und Postings waren aber auch viele erboste Stimmen von Leuten, die sich über meine Empörung »wider die Empörten« ihrerseits empörten.

Als letztes Beispiel sei noch der meines Wissens einzige Text erwähnt, mit dem ich tatsächlich *etwas bewirkt* habe, »bewirkt« in einem handfesten, nachprüfbaren Sinn. Denn gewöhnlich verändern essayistische Erregungen die Wirklichkeit genauso wenig, wie die Literatur das tut. Die einzige Ausnahme in meiner Laufbahn als polemische Kommentatorin betrifft eine routinemäßige Durchsage in der Wiener U-Bahn. Im Jahr 2010 wurden für das gesamte Wiener Verkehrsnetz neue Tonband-Texte aufgenommen, darunter auch der Spruch »Zurückbleiben, bitte!«

»Zurückbleiben, bitte!«

Wien aktuell: Was dabei herauskommt, wenn sich Expertenblödheit und Beamtendickfelligkeit vermählen und das obrigkeitliche Anpassungsbedürfnis an bundesdeutsche Sprachregelungen den Trauzeugen gibt

Dreißig Jahre lang wurden Wiener U-Bahnzüge, wie es die Bahnsteigsprecher bisweilen poetisch ausdrückten, »mit den Worten ›Zug fährt ab!‹« abgefertigt, seit 2. Oktober 2010 sagt die Konservenradiostimme Martina Rupps »Zurückbleiben, bitte!«

Warum? Das Verb gehört in seiner Imperativ-Form weder zum österreichischen noch zum Wiener Wortschatz. Was kann es? Weshalb ist eine Botschaft, die jahrzehntelang gut genug war, plötzlich nicht mehr gut genug?

Des Rätsels Lösung: Ein sogenannter Sicherheitsexperte hat empfohlen, den Appell an die Fahrgäste mit einer deutlichen Handlungsaufforderung zu verbinden.

Ja, richtig, welcher Fahrgast bezieht die Meldung »Zug fährt ab« schon auf sich? Die schlichte Information, dass der Zug abfährt, gibt ja noch keinerlei Hinweis darauf, dass es vielleicht unklug wäre, ihn aufzuhalten oder sich zwischen die sich schließenden Türen zu werfen.

»Zurückbleiben, bitte« ist insofern eine überflüssige Aufforderung, als Verkehrsbetreiber ihre Kunden schon längst behandeln, als wären sie zurückgeblieben. Offenbar geht man davon aus, dass der Benutzer des öffentlichen Verkehrs zusehends dümmer wird. Wie sonst wäre es zu erklären, dass die ÖBB ihr menschliches Transportgut seit einiger Zeit mit dem Spruch »Ausstieg in Fahrtrichtung links« zu Tode informieren. Es fehlt nur noch der Zusatz »und links ist, wo der Daumen rechts ist«. So wird Höflichkeit zu einer Form von Verhöhnung.

Expertenblödheit und Beamtendickfelligkeit vermählen sich gern zu zäher Sinnlosigkeit. »Zurückbleiben, bitte« ist freilich keine Erfindung der neuerungsgeilen Wiener Linien, sondern, was die Sache erst recht ärgerlich macht (auch wenn es bei Rupp weniger ruppig klingt), der angestammte Spruch der Berliner Verkehrsbetriebe. In einer Zeit, da die Welt sich selbst allenthalben ähnlicher wird, pflegen Städte – und Verkehrsunternehmen – gemeinhin das, was sie unverwechselbar macht. Dazu gehört auch das akustische Mobiliar einer Stadt.

Der öffentliche Verkehr in Wien und seine Sicherheit sind etwas, worauf diese Stadt seit Jahrzehnten zu Recht stolz ist. Welchen Grund haben die Verantwortlichen, just vor der Gemeinderatswahl mit großer symbolischer Geste ihren Minderwertigkeitskomplex auszustellen? Sie sind doch sonst nicht auf den Volksmund gefallen. Man denke an die bürokratische Adelung von Juxbezeichnungen wie »Monte Laa« oder »Copa Kagrana«. Und welchen Grund haben die Lokalpatrioten der Wiener Verkehrsbetriebe, die eigene »Marke« zu verraten und Sprüche in Berlin zu fladern?

Vor einigen Jahren schon haben die Wiener Linien begonnen, die hierorts gut eingeführte »Schnellbahn«, ohne phonetischen Zeitgewinn, in »S-Bahn« umzubenennen, auch das ein unnötiger Kotau vor der deutschen Hauptstadt, von dem man sich wohl ein intensiveres Großstadtfeeling verspricht.

Voll im Trend

Das obrigkeitliche Anlehnungsbedürfnis an bundesdeutsche Sprachregelungen hat zuletzt überhaupt deutlich zugenommen. Noch vor zwanzig Jahren wäre es undenkbar gewesen, eine neugegründete österreichische Behörde nach deutschem Vorbild »Bundeskriminalamt« zu taufen oder das traditionelle »Wachzimmer« in die nachbarliche »Polizeiinspektion« umzubenennen.

Dass ihnen jede sprachliche Sensibilität abginge, kann man den Wiener Linien allerdings nicht vorwerfen, denn die Variante »Bitte zurücktreten!« haben sie in Vorwahlzeiten doch lieber verworfen.

Möglich gewesen wäre auch die Durchsage »Bitte nicht mehr einsteigen!« oder »Achtung, Zug fährt ab!«, aber, stimmt, da hätte wieder niemand gewusst, worauf er denn eigentlich achtgeben soll. Gerade Kinder und Halbstarke werden sich von »Zurückbleiben, bitte« nun gewiss auf ganz andere Weise angesprochen und moralisch verpflichtet fühlen.

Allen in puncto Sprachidentität allzu zartbesaiteten Wienerinnen und Wienern kann man nur U-Bahn-Abstinenz oder Ohropax empfehlen, wollen sie sich künftig nicht täglich zigmal ärgern müssen. Womöglich dreißig Jahre lang. Mag schon sein: Wien ist anders. Aber es hält das nicht wirklich aus.

Daniela Strigl, in: Der Standard, 9./10.10.2010

Der Artikel provozierte 326 Postings, der Sprecher der Wiener Linien wies meine Kritik ziemlich pikiert zurück, aus Sicherheitsgründen sei genau dieser Text unentbehrlich. Bei der nächsten Reform zwei Jahre später wurde die Durchsage jedoch geändert. Wenn Sie heute nach Wien fahren, hören Sie bei der Abfertigung des Zuges die Worte »Steigen Sie nicht mehr ein!«

4. Der Essay als Sprachkritik

Der Essay ist nicht zuletzt das geeignete Vehikel für Sprachkritik. Wer sich mit Sprache beschäftigt, kommt gar nicht darum herum, sprachkritisch zu lesen und zu schreiben. Von Karl Kraus stammt der Satz: »Meine Sprache ist die Allerweltshure, die ich zur Jungfrau mache.« (Kraus 1911/II, 45) Kraus' Lebenswerk ist nichts anderes als die Resozialisierung oder sogar: Reinwaschung der »Allerweltshure« Sprache, jener Sprache, die von allen gesprochen, missbraucht, besudelt wird. Er macht sie in einem wundergleichen Prozess durch höchstpersönlichen Gebrauch wieder rein und unschuldig: Er macht sie zu *seiner* Sprache.

Einerseits muss ein solches Selbstbewusstsein heute als Anachronismus erscheinen: ein einzelner, der mit seiner *Fackel* die Menschheit erleuchtet und zum wahren Glauben an die Heiligkeit der Sprache bekehrt. Andererseits hat die Vorstellung, es könne so etwas wie eine Läuterung der verdorbenen Alltagssprache geben, nach wie vor etwas Verlockendes. Das Bedürfnis nach Sprachkritik existiert, es bricht sich immer wieder in öffentlichen Debatten Bahn. Karl Kraus wusste: »Am unverständlichsten reden Leute daher, denen die Sprache zu nichts weiter dient, als sich verständlich zu machen.« (Kraus 1908, 27) Dass Sprache nichts Neutrales, auch kein schlichtes Mittel zum Zweck ist, sondern stets Ideologie, gilt mit Roland Barthes heute beinah als Gemeinplatz. Deshalb ist Sprachkritik naturgemäß immer Gesellschaftskritik.

Eine der möglichen Positionen, von denen aus Sprache kritisierbar wird, ist das Bemühen um ein selbstbestimmtes Sprechen, im Kontrast zur vorgekauten und vorgestanzten Sprachsupermarktware. Und da steht wiederum Karl Kraus Pate, der Sprachchauvinist: »Die deutsche Sprache ist die tiefste, die deutsche Rede die seichteste.« (Kraus 1915, 151) Die kollektive Kapitulation vor der Phrase, dem Modewort, dem Jargon, bietet mannigfachen Anreiz für die Essayistin. Denn die bequeme sprachliche Uniformierung ist nicht allein aus Gründen des Geschmacks fragwürdig, sie ist ein Symptom für geistige Stromlinienform, für das Mitschwimmen im Mainstream, für den Verzicht auf eigene Denkarbeit.

Die Sehnsucht nach einer »anderen« Sprache resultiert nicht zuletzt aus dem Versagen des Journalismus, das Karl Kraus schon vor 100 Jahren konstatiert hat. Der Journalismus der Gegenwart ist inzwischen so vordringlich mit dem eigenen Überleben beschäftigt, dass er Probleme der Sprache als Luxusprobleme begreift. Gegenüber Fragen des Stils, aber auch banalen Grammatik-, Rechtschreib- und Druckfehlern herrscht in der Branche eine lähmende Gleichgültigkeit.

Nichts ist mehr wirklich peinlich, auch nicht in sogenannten Qualitätszeitungen. Der schreibenden Zunft ist die Zunftehre abhanden gekommen.

In diesem Sinne verstehe ich Sprachkritik als demokratische Geistesschärfung, sie nährt die gesunde Skepsis gegen das gesunde Volksempfinden. Das Credo von Karl Kraus, dass die schiefe Formulierung die schiefe Gesinnung verrate, möchte ich nicht absolut setzen, vor allem gilt nicht der Umkehrschluss: Der tadellose Stil bürgt nicht für einen tadellosen Charakter. Und doch bin ich überzeugt, dass wir uns beim Sprechen und Schreiben verraten, dass Unwissenheit, Halbherzigkeit, Inhaltsleere, Opportunismus und Gemeinheit sich durch eine glattpolierte Oberfläche meist nicht kaschieren lassen. Letzten Endes ist das Engagement gegen das Sprachvergehen ein politisches, ja sogar ein ethisches im Sinne von Kraus, der postulierte: »Die Phrase und die Sache sind eins.« (Kraus 1912, 25)

Angesichts der Allmacht der Phrase fände jeder, der mit Sprache zu tun hat, ein weites Feld der Betätigung vor, von der Presse bis zum Gesetzestext, vom Parteiprogramm bis zum privaten E-Mail. Es ist ja keineswegs so, dass die sprachliche Äußerung heute allenthalben kürzer und fragmentarischer würde, es gibt auch die Tendenz zur aufgeblasenen Großform, zum elaborierten Nichts. Dass etwas »auf gut deutsch« zu sagen bedeutet, es kurz und klar oder auch: klipp und klar zu sagen, zeigt in der Redewendung, dass man Prägnanz auch früher schon zu schätzen wusste. Lichtenberg ist hier ein zuverlässiger Zeuge: »Meine Sprache ist allzeit simpel, enge und plan [...]: Wenn man einen Ochsen schlachten will, so schlägt man ihm grade vor den Kopf.« (Lichtenberg 1983, 236)

Dass Lichtenberg mit der Anwendung *seiner* Sprache – er verwendet das Possessivpronomen genauso selbstverständlich wie Kraus – ein brachiales Bild verbindet, kommt nicht von ungefähr, seine Aphorismen sind nicht nur Nachdenklichkeiten über Wörter und Bücher und Menschen, sondern auch Attacken. Sprache kann und muss auch treffend sein, ich bin mit Lichtenberg dafür, das *schlagende Argument* wörtlich zu nehmen.

Im Alltag der Werbebotschaft, der politischen Verlautbarung, der Pressemeldung und des Feuilletons, aber auch des akademischen Umgangs herrscht dagegen ein Jargon, dessen Hauptzweck es ist, seine mangelnde Substanz durch eine klangvolle Hülle zu verdecken: dünne Suppe aus goldenen Schüsseln. Karl Kraus war da streng, er verurteilte die verbale Entgleisung nicht nur, er übte gegen die Vertreter der technokratischen Worthülse ungeniert soziale Exklusion: »Mit Leuten, die das Wort ›effektiv‹ gebrauchen, verkehre ich grundsätzlich nicht.« (Kraus 1909, 60)

Sprachkritik kann sich an der unkorrekten Verwendung sprachlicher Elemente entzünden, aber auch an der vermeintlich oder tatsächlich überkorrekten. Ich habe mich immer gegen Formen der politischen Korrektheit positioniert, die versuchen, eine gedankliche und ideelle Änderung, die es in der Gesellschaft noch nicht gibt, sozusagen mit der Brechstange der Sprache zu erreichen und damit auch als real vorzugaukeln. Was mich stört, ist die Unverständlichkeit »gegenderter« Gesetzestexte oder Schulbücher, die nicht selten die Grenze des Lächerlichen überschreitet; die Vergötzung der äußeren Form, die vom Inhalt ablenkt, wie die Gendermania des Radiosenders Ö1 zeigt; kurzum: die undemokratische Neigung, den Prozess der Sprachentwicklung gleichsam von oben zu steuern.

Dieses Phänomen ist freilich nicht neu. 1847 wandte Jacob Grimm sich in seinem Vortrag *Ueber das Pedantische in der deutschen Sprache* gegen die »unnatürlichsten, verschrobensten formen der rede« und gegen übereifrige Sprachverbesserer, die etwa unlogische Zusammensetzungen aus dem Wortschatz tilgen wollten. So hatte der Dichter Jean Paul protofeministisch gefordert, es müsse statt »Eselsmilch« doch »Eselinnenmilch« heißen. (Vgl. Grimm 1848)

Meine Skepsis richtet sich also gegen den Versuch einer ethischen Säuberung auf dem Gebiet der Sprache. Ich bin für die Verwendung dualer Formen dort, wo es ohne Brechstange, ohne stilistische Verrenkung möglich ist, und ich lege Wert darauf, das jeweils aus freien Stücken zu tun. Ich glaube, dass die sprachkritischen Anstrengungen im fortschrittlich-privilegierten Milieu der Schulen und Universitäten eine Überreaktion und Überkompensation für die jahrhundertelange Repression des Weiblichen darstellen. Das »sprachfeministische« Reformbestreben dominiert deshalb den Diskurs, weil es »von oben«, von der Politik, vor allem von sozialdemokratischen und grünen Meinungsführern, gestützt wird und in die Redaktionen der Zeitungen und Rundfunkanstalten ausstrahlt. Es ist nach wie vor ein Jargon der Happy Few, ein Jargon von Eingeweihten, die sich sprechend und schreibend beständig selbst auf die Schulter klopfen. Eine »geschlechtersensible« oder jedenfalls: sensiblere Sprache populär zu machen kann so nicht gelingen, weil deren übersteuerte Anwendung das Anliegen nicht nur punktuell dem Gespött preisgibt. Ich glaube nicht daran, dass wer die Sprache quasi mit Gewalt in ein neues Gewand zwingt, damit allein auch schon die Wirklichkeit verändert, er hilft höchstens mit, sie zu verschleiern. Ingeborg Bachmann hat sich in ihren *Frankfurter Vorlesungen* (1959) für den umgekehrten Weg ausgesprochen:

»Mit einer neuen Sprache wird der Wirklichkeit immer dort begegnet, wo ein moralischer, erkenntnishafter Ruck geschieht, und nicht, wo man versucht, die Sprache an sich neu zu machen, als könnte die Sprache selber die Erkenntnis eintreiben und die Erfahrung kundtun, die man nie gehabt hat. Wo nur mit ihr hantiert wird, damit sie sich neuartig anfühlt, rächt sie sich bald und entlarvt die Absicht. Eine neue Sprache muß eine neue Gangart haben, und diese Gangart hat sie nur, wenn ein neuer Geist sie bewohnt.« (Bachmann 1978, 192)

Sobald die Errungenschaft im Geistigen sich im Sozialen niedergeschlagen hat, wird sie sich auch in einem neuen Antlitz der Sprache widerspiegeln. Es ginge also darum, einen Teil der Energie, mit der zur Zeit Sünden wider die sprachliche Emanzipation von Frauen und tatsächlichen Randgruppen verfolgt werden, auf die Bekämpfung der wirklichen, der strukturellen und ökonomischen Benachteiligung zu verwenden. Der Sprachkampf spielt sich auf einem Nebenkriegsschauplatz ab. Was, wenn die emanzipatorisch engagierten Sprachkritikerinnen und -kritiker unbewusst und in bester Absicht einem Ablenkungsmanöver dienen, das dem Ruhebedürfnis der Mächtigen durchaus zupass kommt?
Das gilt auch für andere Spielarten des Gebots politischer Korrektheit. Vorgeschriebene Bezeichnungen dienen nur allzu oft der Verschleierung der Tatsachen wie der wahren Machtverhältnisse. Wer allzu schön spricht, der beschönigt. Politisch korrekte Rede korrigiert die Verhältnisse nur in der Rede, nicht im Verhalten. Sie ist unangreifbar in sich selbst. Sie ist entweder naiv oder gefährlich oder beides zugleich. Politisch korrekte Rede begünstigt Selbstgerechtigkeit und Heuchelei – so mancher Politiker versteckt das Unfromme seiner Taten, indem er wie ein Pfarrer predigt. Das Schöne am Korrektsein ist: Man steht immer auf der richtigen Seite, der der Guten. Verstöße begehen immer die anderen, gegen die sich ein gut geölter Apparat der Bezichtigung in Gang setzen lässt. So ist es etwa Sibylle Lewitscharoff ergangen, die in ihrer Philippika gegen die Reproduktionsmedizin in der Tat viel Angreifbares gesagt hat: Wenn die Maschinerie der Aburteilung einmal in Gang gesetzt ist, ist aber kein Raum mehr für Differenzierung.
Diese Einförmigkeit der Meinungswalze hat ebenso etwas

Beängstigendes wie die Autorität der sprachlichen Vorschrift. Inzwischen sind die Lehrer an den Schulen und Universitäten nach ministerieller wie interner Vorgabe angehalten, von ihren Schülern bzw. Studenten »gendergerechtes« Schreiben zu verlangen. Wenn es de facto unmöglich wird, anders zu sprechen, als vorgeschrieben, weil man sich andernfalls als reaktionär-patriarchalisch-undemokratisch gebrandmarkt sieht, dann haben sich frühere Verhältnisse konservativer Enge einfach umgekehrt. Auch die »richtige« Ideologie ist aber nichtsdestoweniger Ideologie, und Konformitätsdruck bleibt Konformitätsdruck. Von oben verordnete Sprachregelungen sind immer autoritär, sind immer antidemokratisch. Von der Französischen Revolution bis zum Dritten Reich hat man diesbezüglich Druck auf Bildungseinrichtungen und Medien ausgeübt. Mein Unbehagen an dieser gegenwärtigen Kultur des Besserwissens entspringt wohl, ich gebe es zu, meiner Neigung zur Renitenz.

Mir ist durchaus bewusst, dass dahinter eine romantische, eine utopische Vorstellung von Sprache und Literatur steckt. Ich glaube aber, dass die Utopie bei jedem Essayismus, der sich selbst, in all seiner Sprunghaftigkeit und Bodenlosigkeit, ernstnimmt, immer im Hintergrund wirksam ist.

Ingeborg Bachmann hat über »Literatur als Utopie« gesagt: »Denn dies bleibt doch: sich anstrengen müssen mit der schlechten Sprache, die wir vorfinden, auf diese eine Sprache hin, die noch nie regiert hat, die aber unsere Ahnung regiert und die wir nachahmen.« Eine Sprache, könnte man mutmaßen, im Zustand der Jungfräulichkeit und der Unschuld: »Es gilt weiterzuschreiben.« (Bachmann 1978, 270f.)

Und dem kann ich nur zustimmen.

Aus der Diskussion:

Ex cathedra

Natürlich gebärde ich mich als Essayistin auch als Richterin. Es macht einfach Spaß, Dinge, über die man stolpert oder die einem gegen den Strich gehen, sozusagen von der Kanzel, vom Richterstuhl herab abzuurteilen. Gott sei Dank hat man keine richterliche Gewalt, keine Exekutivgewalt, wenn man Essays schreibt. Das ist ja eine geliehene und flüchtige Macht, die man sich aber anmaßt. Man kann ohne ein gewisses Maß an Anmaßung Literaturkritik ebenso wenig schreiben wie Essays. Man muss zumindest das, was man sagt, für irgendwie erheblich oder relevant halten, und sei es auch nur für einen kleinen Teil des Publikums. Man darf nicht dran zweifeln, dass man sich zumindest zum Spaß diese richterliche Gewalt aneignen darf. Zu dem Spiel gehört, dass man selbst so tut, als wäre man davon überzeugt, dass man recht hat.

Auf verlorenem Posten

Der Essay ist auch ein Akt der Notwehr. Das hat man ja gemerkt: Ich vertrete in vielem äußerst altmodische Positionen. Die Rolle, die man dabei einnimmt, als der letzte Mohikaner, ist eine undankbare. Man hat das Gefühl, man kämpft auf verlorenem Posten, weil man dauernd Gegenwind hat. Man weiß, man hat ein paar Verbündete, aber der Zeitgeist ist natürlich ein anderer. Wenn man weiter schreiben will, muss man sich sagen: O.k., es ist ein verlorener Posten, aber es ist halt mein Posten. Ich kann mich nicht um hundertachtzig Grad drehen, nur damit ich mich weniger anstrengen muss. Der Essay ist ein literarisches Medium. Und der gesamtgesellschaftliche Stellenwert der Literatur schwindet. Es ist heute keine Schande mehr, wenn angeblich gebildete Menschen sich als literarisch vollkommen unbeleckt und unbedarft »outen«. Bei gewissen Dingen darf man keine Bildungslücken aufweisen, aber in Sachen Literatur muss man heute nichts mehr wissen. Außer man studiert Germanistik, da ist es vielleicht doch noch ein bisschen anders. Das hat auch Franz Schuh einmal gesagt: Es sterben einem die Bildungsbürger weg. Essays zu schreiben oder Literaturkritiken zu verfassen ohne ein Publikum, das gewisse Anspielungen versteht, ist mühsam. Man ist in einer blöden Situation, einer Position der Überheblichkeit, wenn man bei Lesern voraussetzt, dass sie z. B. eine Anspielung auf Achill verstehen. Auch in Ö1, das der Hort des öffentlich-rechtlichen Bildungs- und Kulturauftrags war, wird immer weniger vorausgesetzt. Man sehnt sich ja schon nach den vielzitierten Hofratswitwen. Wo sind die Hofratswitwen, die Professoren, Studienräte, die Ö1 früher getragen haben? [*Betretenes Schweigen*] Das war jetzt zu arg, Entschuldigung, Hofratswitwen darf man nicht herbeisehnen.

Das Rettende der Literatur

Sprachkritik spielt für mich auch eine Rolle, weil einem diese schöne neue Welt, diese literaturfreie oder literaturbefreite neue Welt immer mit einer sehr speziellen Jargonhaftigkeit verkauft wird. Literatur ist einfach nicht unmittelbar relevant fürs Leben – ich weiß zwar nicht, warum jetzt Fachdidaktik unbedingt relevant sein soll –, aber es passt ganz gut: Man erfährt immer weniger im Germanistikstudium über das Was, also was man in der Schule unterrichten soll, aber man erfährt unvergleichlich mehr über das Wie, also wie man das unterrichten soll, was man gar nimmer weiß. Viele lernen ja

gar nicht mehr das in der Schule und im Studium, was sie dann in der Schule aber perfekt didaktisch aufbereiten können sollen.
Ich merke das, wenn ich mit Lehrern spreche, die nach wie vor für die Literatur brennen. Die fühlen sich ja auch alle unwohl in dieser Konjunktur des Nichtliterarischen. Vieles von dem, was eine gesellschaftliche Entwicklung ist, wird hingenommen wie eine Naturgewalt. Und da gibt es viele kleine Don Quijotes, die mit aufgepflanzter Feder, so wie ich, über diese Dinge schreiben und sich einreden, dass man sie aufhalten kann. Aber wenn man sich nur stumm ärgert und nicht schreibt, kann man sich nicht über die Leute aufregen, die das alles dulden und bloß jammern.

Glück des Glückens

Meine Essay-Auswahl war etwas einseitig. Ich verstehe natürlich schon auch Texte über Autoren und Autorinnen und über literarische Werke als Essays. Aber ich glaube, das ist langweilig und auch ausufernd.
Es gibt wirklich Grenzfälle zwischen Wissenschaft und Essayistik, die kann man sowohl da als auch da einordnen. Und da finde ich, es geht darum, ganz egoistisch: Wie werde ich glücklich mit einem Text, ich selber beim Schreiben und was die Bewältigung des Themas betrifft. Dass etwas ganz aufgeht, das passiert einem ja selten. Eher bei einer Glosse, als wenn man zwanzig Seiten schreibt. Dass man das Gefühl hat, da ist etwas geglückt, da ist das, was aus dem Text herauszuholen ist, was drinnen ist, zum Sprechen gebracht. Viel von dem, was man schreibt, ist auf halbem Weg stecken geblieben, da sind ganz gute Gedanken drin, allerdings auch Bequemlichkeiten, da hat man etwas nicht zu Ende gedacht. Aber ich glaube, dass man, wenn man im akademischen Bereich zu

schreiben anfängt, draufkommen muss, was einem liegt. Ich will überhaupt nicht dagegen polemisieren, wenn einer eine andere Form der Sprache als die ihm gemäße findet. Man muss sich aber nicht mehr als nötig verstellen. Wenn einem eher die wissenschaftliche Schreibweise liegt, dann soll man so schreiben. Das Um und Auf, das Wesentliche ist das, was Lichtenberg das »Selbstdenken« genannt hat. Auch wenn man Sekundärliteratur zitiert, muss man irgendwo einmal selbst gedacht haben.

Kritik der Kritik

Wenn man selbst als Kritikerin tätig ist, ist der Umgang mit Kritik eine interessante Frage. Ich glaube, würde ich im engeren Sinn – die Zeiten sind schon länger vorbei – literarische Texte schreiben, wäre ich viel empfindlicher. Deswegen verstehe ich auch, wieso Autoren empfindlich sind, weil da noch viel mehr von einem persönlich drinnensteckt. Bei einem Essay, auch bei einer Biographie halte ich mich für relativ unempfindlich. Ich beschäftige mich natürlich mit Kritik. Aber es ist nicht so, dass mich die in meinen Grundfesten erschüttert. Bei einem Essay meint die Kritik oft die Sache, sie artikuliert einen inhaltlichen Widerspruch. Der Sturm der Entrüstung, den Teile der Leserschaft des *Standard* meiner Abhandlung zur Goldenen Adele – die wirklich ziemlich fundiert war – entgegengebracht haben, war Ausdruck eines Lagerdenkens und somit genau das, was ich diesen Leuten in dem Text vorgeworfen habe. Nämlich, dass sie von vornherein empört sind und finden, die Republik muss auf jeden Fall alles zurückgeben und gar nicht mehr schauen, ob das in dem Einzelfall gerechtfertigt ist oder nicht. Ich habe den Leuten gesagt: Ihr wollt gar nicht wissen, wie der Fall Bloch-Bauer juristisch-historisch war. Das hat dazu geführt, dass sich manche ertappt gefühlt haben, und die Reaktion war eben deswegen besonders emotional. Da nehme ich Kritik natürlich nicht persönlich. Und ich habe auch einen *Standard*-Journalisten damit angegriffen, Thomas Trenkler, der einen guten Teil seiner journalistischen Karriere diesem »Kampf« – schon der Ausdruck ist verräterisch – um Restitution gewidmet hat und der in allen Fällen immer auf Seiten des Anwalts der Restitutionswerber war. Und da kann etwas mit der journalistischen Sorgfalt nicht stimmen. Da bin ich gegen Kritik relativ unempfindlich, weil das nicht meine spezielle Herangehensweise meint, glaube ich. In den Postings wird aber schon auch die Qualität des Textes in Frage gestellt. Da darf man nicht zimperlich sein.

Selbstkritik und Selbstzensur

Selbstkritik ist bei mir beim Schreiben ständig am Werk, jeder Satz wird geprüft und vielleicht verworfen. Selbstkritik ist im Detail wirksam und auch im Ganzen, wenn man z. B. etwas Älteres liest, was man selbst geschrieben hat. Selbstzensur, wenn man das so nennen will, gibt es natürlich auch. Dass man sich überlegt, ob man jetzt etwas juristisch Relevantes, etwas Klagbares schreibt oder etwas Kränkendes, gerade bei einer Polemik oder bei einer Glosse, wo man Sachen zuspitzt. Ich habe schon einiges gegen verschiedene Innenminister geschrieben, bei dem ich mir gedacht habe, na, das ist schon – nicht wirklich klagbar, aber so zwischen Verspottung und Verhöhnung, eigentlich unter der Gürtellinie. Da hat sich noch nie jemand gemeldet. Aber es trifft eh nicht die Falschen. Bei Autoren, also bei Literaturkritik, da ist mir manchmal schon mulmiger, wenn ich einen Autor treffe und merke, er ist gekränkt. Aber so oft kommt das nicht vor. Das klingt jetzt so, als würde ich dauernd Verrisse schreiben. Nur wenn ich damit anfange, mir zu denken: »Dann ist der aber traurig«, dann kann ich gleich mit dem Rezensieren aufhören. Es ist heikel. Ich glaube schon, dass ich offen für Kritik an der Kritik bin. Aber es ist nicht so, dass ich ständig alles fundamental in Frage stelle, was ich mache. Manchmal finde ich einen Satz von mir unrhythmisch, oder da sind Wörter drinnen, die ich eigentlich gar nicht mag. Oder es klingt irgendwie banal. Oder ich habe mir zu wenig einfallen lassen. Ich glaube schon, dass man da tunlichst dieselben Kriterien anwendet, wie man sie überhaupt an Texte anlegt. Es ist ein gutes Zeichen, wenn man einen eigenen Text nach einiger Zeit, nach fünf, zehn Jahren, wieder lesen kann, und dann schaut der einen ganz fremd an. Das ist schon öfter vorgekommen, dass ich etwas lese und bemerke, dass das von mir ist, und mir dann denke, gut, peinlich ist es nicht.

Michael Kohlhaas

Ich glaube schon, dass man für das Schreiben von Essays eine dezidierte Welthaltung braucht. Insofern fürchte ich, habe ich mich nicht sehr weit entwickelt. In meiner Familie habe ich immer als Michael Kohlhaas gegolten. Diese Neigung, aus einem grundsätzlichen Trotz lieber dagegen zu sein als dafür, und eine gewisse konservative, wertkonservative Haltung hatte ich schon als Teenager. Polemik ist immer strapaziös. Gegen Windmühlen antreten ist eine sehr anstrengende Sache.

Das ganz Kleine und das große Ganze

Es stimmt: In allen drei Genres äußert sich der gleiche Mensch. Es ist das verflixte Subjekt. Man muss sich schon sehr strikt Zügel auferlegen, um zu verleugnen, wer man ist –

und im Essay drückt sich das wahrscheinlich am unmittelbarsten aus. Warum ich mich mit so banalen Dingen wie Semmeln beschäftige, anstatt mit Politik? Ich bin ein absoluter Fan der steirischen Langsemmel. Das ist natürlich *die Semmel* in der Steiermark. »Steirische Langsemmel« sagt man nur in Wien. Ich habe mich ja geoutet als Bäckersenkelin und ich habe die natürlich als Kind in der Steiermark kennengelernt und glaube, dass insgesamt die Qualität dieser Semmel höher ist als die der Kaisersemmel.

Was ich vorgelesen habe, heißt *Vom allgemeinen Niedergang*. Weil es hunderte Themen gibt, bei denen man ansetzen kann. Das ist eine Stärke und eine Schwäche des Essayismus, dass das Nebensächlichkeiten sind. Aber der Essayist vertraut darauf, dass sich in dieser Nebensächlichkeit das große Ganze ausdrücken lässt, das hat Lichtenberg schon so gemacht. Und ich glaube, dass sich in der Privatisierung der Hofreitschule die Haltung der Regierung Schüssel, die ja nicht nur die Hofreitschule privatisiert hat, ausgedrückt hat. Das war eine Haltung, die Reformen um jeden Preis wollte, und zwar weg vom Staat – Reagan war das Vorbild, Thatcher war das Vorbild, das ist eine politische Strategie. Die Hofreitschule ist etwas, was mir emotional nahe liegt, aber es ist ein Beispiel für ökonomische Reformen, die nicht ohne ideologischen Hintergrund passiert sind. Und meine Attacke gegen die Verstellungskunst, die auch angewandt wird, um die Literatur in Schule und Universität zu eliminieren, ist politisch gemeint und auch so artikuliert. Ich glaube, es sind wirklich Ablenkungsmanöver vom Wesentlichen. Es ist einfach viel praktischer, wenn sich die Leute darüber streiten, in Foren oder Leserbriefen, ob etwas politisch korrekt ausgedrückt ist, als wenn sie die Sache selbst verlangen. Ich glaube, gerade was etwa den Feminismus betrifft, dass sich in den letzten zwanzig Jahren wenig verbessert hat, aber dafür hat man jetzt gendersprachlich super aufgerüstet. Wenn man sich da einen Fehler erlaubt als Politiker, ist man unten durch. Aber nichts zu tun, um gewisse Missstände, was Chancengleichheit oder fairen Verdienst betrifft, zu beseitigen, das kann man sich jahrzehntelang leisten. Das meine ich, und deshalb greife ich scheinbar willkürlich diese Dinge auf. Es ist sicher problematisch, wenn man mit dem Essayismus das große Ganze anvisiert. Das ist eine Stil- und Geschmacksfrage, mir liegt es halt eher, die kleinen Dinge zu zerpflücken und an denen vorbei auf die soziale Realität zu zielen. Dann ist auch die Semmel politisch.

Verwendete Literatur

Adorno 2003 = Theodor W. Adorno: *Noten zur Literatur. Gesammelte Schriften in zwanzig Bänden.* Hrsg. von Rolf Tiedemann. Bd. 11. Frankfurt am Main: Suhrkamp 2003

Alt 2002 = Peter-André Alt: *Mode ohne Methode? Überlegungen zu einer Theorie der literaturwissenschaftlichen Biographik.* In: Christian Klein (Hg.): *Grundlagen der Biographik. Theorie und Praxis des biographischen Schreibens.* Stuttgart, Weimar: Metzler 2002, 23–39

Anz 2002 = Thomas Anz: *Autoren auf der Couch? Psychopathologie und biographisches Schreiben.* In: Christian Klein (Hg.): *Grundlagen der Biographik. Theorie und Praxis des biographischen Schreibens.* Stuttgart, Weimar: Metzler 2002, 87–106

Bachmann 1978 = Ingeborg Bachmann: *Werke* [in vier Bänden]. Hrsg. von Christine Koschel, Inge von Weidenbaum, Clemens Münster. Bd. 4. *Essays. Reden. Vermischte Schriften.* München, Zürich: Piper 1978

Bair 2001 = Deirdre Bair: *Die Biografie ist akademischer Selbstmord.* In: Literaturen, H. 7/8 (2001), 38f.

Benjamin 1972 = Walter Benjamin: *Gesammelte Schriften* [in sieben Bänden]. Unter Mitwirkung von Theodor W. Adorno und Gershom Scholem, hrsg. von Rolf Tiedemann und Hermann Schweppenhäuser. Bd. IV/1. Frankfurt am Main: Suhrkamp 1972

Bernhard 1989 = Thomas Bernhard: *In der Höhe. Rettungsversuch, Unsinn.* Salzburg, Wien: Residenz 1989

Bettelheim 1900 = Anton Bettelheim: *Marie von Ebner-Eschenbach. Biographische Blätter.* Berlin: Paetel 1900

Bettelheim 1920 = Anton Bettelheim: *Marie von Ebner-Eschenbach. Wirken und Vermächtnis.* Leipzig: Quelle & Meyer 1920

Bourdieu 2011 = Pierre Bourdieu: *Die biographische Illusion.* In: Bernhard Fetz, Wilhelm Hemecker (Hg.): *Theorie der Biographie. Grundlagentexte und Kommentar.* Unter Mitarbeit von Georg Huemer und Katharina J. Schneider. Berlin, New York: de Gruyter 2011 (= De Gruyter Studium), 303–310

Carlyle 2011 = Thomas Carlyle: *Über Helden, Heldenverehrung und das Heldentümliche in der Geschichte. Erste Vorlesung: Der Held als Gottheit. Odin. Heidentum. Skandinavische Mythologie.* In: Bernhard Fetz, Wilhelm Hemecker (Hg.): *Theorie der Biographie. Grundlagentexte und Kommentar.* Unter Mitarbeit von Georg Huemer und Katharina J. Schneider. Berlin, New York: de Gruyter 2011 (= De Gruyter Studium), 29–32

Dilthey 2011 = Wilhelm Dilthey: *Der Aufbau der geschichtlichen Welt in den Geisteswissenschaften.* In: Bernhard Fetz, Wilhelm Hemecker (Hg.): *Theorie der Biographie. Grundlagentexte und Kommentar.* Unter Mitarbeit von Georg Huemer und Katharina J. Schneider. Berlin, New York: de Gruyter 2011 (= De Gruyter Studium), 59–64

Ebner-Eschenbach [1920]/I = Marie von Ebner-Eschenbach: *Sämtliche Werke* [in 6 Bänden]. Bd. 1. *Erzählungen. Božena. Neue Erzählungen. Aphorismen. Die Prinzessin von Banalien. Am Ende.* Berlin: Paetel o.J. [1920]

Ebner-Eschenbach [1920]/II = Marie von Ebner-Eschenbach: *Sämtliche* Werke [in 6 Bänden]. Bd. 4. *Unsühnbar. Glaubenslos? Das Schädliche. Die Totenwacht. Alte Schule. Gedichte. Meine Erinnerungen an Grillparzer. Aus einem zeitlosen Tagebuch*. Berlin: Paetel o.J. [1920]

Ebner-Eschenbach [1920]/III = Marie von Ebner-Eschenbach: *Sämtliche* Werke [in 6 Bänden]. Bd. 6. *Die unbesiegbare Macht. Bertram Vogelweid. Agave. Altweibersommer. Meine Kinderjahre.* Berlin: Paetel o.J. [1920]

Ebner-Eschenbach 2014 = Marie von Ebner-Eschenbach: *Leseausgabe in vier Bänden.* Hrsg. von Evelyne Polt-Heinzl, Daniela Strigl und Ulrike Tanzer. Bd. 1. *Aus Franzensbad. Das Gemeindekind.* Hrsg. von Evelyne Polt-Heinzl und Ulrike Tanzer. St. Pölten, Salzburg, Wien: Residenz 2014

Ebner-Eschenbach 2015 = Marie von Ebner-Eschenbach: *Leseausgabe in vier Bänden.* Hrsg. von Evelyne Polt-Heinzl, Daniela Strigl und Ulrike Tanzer. Bd. 4. *Erzählungen und Aphorismen.* Hrsg. von Evelyne Polt-Heinzl, Daniela Strigl und Ulrike Tanzer. St. Pölten, Salzburg, Wien: Residenz 2015

Ebner-Eschenbach/Knorr 2016 = Marie von Ebner-Eschenbach, Josephine von Knorr: *Briefwechsel 1851–1908.* Kritische und kommentierte Ausgabe. Hrsg. von Ulrike Tanzer et al. 2 Bde. Berlin: De Gruyter 2016

Enzensberger 1986 = Hans Magnus Enzensberger: *Rezensenten-Dämmerung.* In: Neue Zürcher Zeitung, 12.12.1986

Fetz 1999 = Bernhard Fetz: *Von ästhetischen Kramläden zum Kartell der Langeweile. Friedrich Schlegels Bedeutung für die aktuelle Literaturkritik.* In: Wendelin Schmidt-Dengler, Nicole Katja Streitler (Hg.): *Literaturkritik. Theorie und Praxis.* Innsbruck, Wien: StudienVerlag 1999 (= Schriftenreihe Literatur des Instituts für Österreichkunde 7), 41–56

Fetz 2009/I = Bernhard Fetz: *Die vielen Leben der Biographie. Interdisziplinäre Aspekte einer Theorie der Biographie.* In: Bernhard Fetz (Hg.): *Die Biographie – zur Grundlegung ihrer Theorie.* Berlin: De Gruyter 2009, 3–66

Fetz 2009/II = Bernhard Fetz: *Der Stoff, aus dem das (Nach-)Leben ist. Zum Status biographischer Quellen.* In: Bernhard Fetz (Hg.): *Die Biographie – zur Grundlegung ihrer Theorie.* Berlin: De Gruyter 2009, 103–154

Fontane 1989 = Theodor Fontane: *Briefe in zwei Bänden.* Bd. 2. Hrsg. Von Gotthard Erler. Berlin: Aufbau1989

Grimm 1848 = Jacob Grimm: *Ueber das pedantische in der deutschen sprache.* Vorgetragen in der öffentlichen sitzung der Akademie der Wissenschaften am 21. October 1847. Berlin: Königliche Akademie der Wissenschaften 1848

Kastberger 2017 = Klaus Kastberger: *Schluss mit dem Totentanzgeraune.* In: Zeit Online http://www.zeit.de/kultur/literatur/2017-02/germanistik-literatur-deutsche-sprache-krise/komplettansicht

Kerr 1917 = Alfred Kerr: *Gesammelte Schriften in zwei Reihen.* Bd. 1. Berlin: S. Fischer 1917, XVIII

Kerr 2001 = Alfred Kerr: *»So liegt der Fall«: Theaterkritiken 1919–1933 und im Exil.* Frankfurt am Main: Fischer 2001

Klein 2005 = Michael Klein: *Literaturkritik und Literaturwissenschaft. Abermaliges Plädoyer für ein komplementäres Verständnis der beiden Institutionen aus gegebenem Anlass.* In: Michael Klein, Sieglinde Klettenhammer (Hg.) *Literaturwissenschaft als kritische Wissenschaft.* Wien: Lit 2004, 11–27

Klostermaier 1996 = Doris Klostermaier: *Anton Bettelheim. Creator of the Ebner-Eschenbach Myth.* In: Modern Austrian Literature 29 (1996), 15–43

Klostermaier 1997 = Doris M. Klostermaier: *Marie von Ebner-Eschenbach. The Victory of a Tenacious Will.* Riverside: Ariadne 1997 (= Studies in Austrian Literature, Culture, and Thought)

Koopmann 1994 = Helmut Koopmann: *Spätherbst einer Gesellschaft. Soziale Erzählkunst in Marie von Ebner-Eschenbachs Novellen.* In: Karl Konrad Polheim: *Marie von Ebner-Eschenbach. Ein Bonner Symposion zu ihrem 75. Todesjahr.* Bern et al.: Peter Lang 1994, 155–176

Kraus 1908 = Karl Kraus: *Die Fackel* (10) 1908, H. 264, 17–33

Kraus 1909 = Karl Kraus: *Tagebuch.* In: Die Fackel (10) 1909, H. 277, 57–61

Kraus 1911/I = Karl Kraus: *Der kleine Pan stinkt noch.* In: Die Fackel (13) 1911, H. 326, 28–34

Kraus 1911/II = Karl Kraus: *Pro domo et mundo.* In: Die Fackel (13) 1911, H. 326, 38–47

Kraus 1912 = Karl Kraus: *o. T.* In: Die Fackel (14) 1912, H. 360

Kraus 1915 = Karl Kraus: *o. T.* In: Die Fackel (17) 1915, H. 406

Kuh 2016 = Anton Kuh: *Werke* [in sieben Bänden]. Hrsg. von Walter Schübler. Bd. 5. Göttingen: Wallstein 2016

Lichtenberg 1976 = Georg Christoph Lichtenberg: *Aphorismen.* Hrsg. von Kurt Batt. Frankfurt am Main: Insel 1976

Lichtenberg 1983 = Georg Christoph Lichtenberg: *Schriften und Briefe*. Bd. *Sudelbücher, Fragmente, Fabeln, Verse.* Hrsg. von Franz Heinrich Mautner. Frankfurt am Main: Insel 1983

Löffler 1999 = Löffler, Sigrid: *Die versalzene Suppe und deren Köche. Über das Verhältnis von Literatur, Kritik und Öffentlichkeit*. In: Wendelin Schmidt-Dengler, Nicole Katja Streitler (Hg.): *Literaturkritik. Theorie und Praxis*. Innsbruck: Studienverlag 1999, 27–39

Mecklenburg 2000 = Norbert Mecklenburg: *Begriffe der literarischen Wertung*. In: Helmut Brackert, Jörn Stückrath (Hg.): *Literaturwissenschaft. Ein Grundkurs*. Reinbek: Rowohlt 2000, 532–546

Miller/Stolz 2002 = Norbert Miller, Dieter Stolz (Hg.): *Positionen der Literaturkritik*. Sonderheft der Zeitschrift *Sprache im technischen Zeitalter*. Köln: SH-Verlag 2002

Morgenstern 1965 = Christian Morgenstern: *Gesammelte Werke in einem Band*. Hrsg. von Margareta Morgenstern. München: Piper 1965

Müller-Funk 1995 = Wolfgang Müller-Funk: *Erfahrung und Experiment. Studien zu Theorie und Geschichte des Essayismus*. Berlin: Akademie 1995

Nestroy 1962 = Johann Nestroy: *Gesammelte Werke* [in sechs Bänden]. Hrsg. von Otto Rommel. Bd. 4. Wien: Anton Schroll & Co. 1962

Neuhaus 2004 = Stefan Neuhaus: *Literaturkritik. Eine Einführung*. Göttingen: Vandenhoeck & Ruprecht 2004

Nüchtern 2007 = Klaus Nüchtern: *Vortrag o. T.* im Rahmen des Symposiums »Literaturkritik« der Zeitschrift *kolik* am 29.11.2007 in der Alten Schmiede, Wien

Pfeiffer 2008 = Peter C. Pfeiffer: *Marie von Ebner-Eschenbach. Tragödie, Erzählung, Heimatfilm*. Tübingen: Francke 2008

Poiarkov 2017 = Rosemarie Poiarkov: *Aussichten sind überschätzt*. Roman. Residenz 2017

Reich-Ranicki 2009 = Marcel Reich-Ranicki: *Was ist das Geheimnis von Kehlmanns Erfolg?*. In: Frankfurter Allgemeine Zeitung, 26.1.2009

Reulecke 2011 = Anne-Kathrin Reulecke: *»Die Nase der Lady Hester«. Überlegungen zum Verhältnis von Biographie und Geschlechterdifferenz.* In: Bernhard Fetz, Wilhelm Hemecker (Hg.): *Theorie der Biographie. Grundlagentexte und Kommentar.* Unter Mitarbeit von Georg Huemer und Katharina J. Schneider. Berlin, New York: de Gruyter 2011 (= De Gruyter Studium), 317–339

Schlegel 1967 = *Kritische Friedrich-Schlegel-Ausgabe.* Erste Abteilung: *Kritische Neuausgabe.* Bd. 2. München et al.: Ferdinand Schöningh 1967, 363–373

Schuh 2000 = Franz Schuh: *Schreibkräfte. Über Literatur, Glück und Unglück.* Köln: DuMont 2000

Strigl 1988 = Daniela Strigl: *Christian Morgenstern als Dichter der Jahrhundertwende. Die »ernste« Lyrik.* Dipl. Wien 1988

Strigl 1992 = *»Wo niemand zuhaus ist, dort bin ich zuhaus.« Theodor Kramer – Heimatdichter und Sozialdemokrat zwischen den Fronten.* Wien: Böhlau 1992

Strigl 2000 = Daniela Strigl: *»Eine große Lüge«. Anmerkungen zur Biographie Marlen Haushofers (1920–1970).* In: Wespennest Nr. 119 (Juni 2000), 31–34

Strigl 2006 = Daniela Strigl: *Adele revisited – Wider den blinden Eifer der Empörten.* In: Der Standard, 25./26.2.2006 [http://derstandard.at/2357197/2526-2-Adele-revisited---Wider-den-blinden-Eifer-der-Empoerten]

Strigl 2012 = *»Wahrscheinlich bin ich verrückt …« Marlen Haushofer – die Biographie.* Berlin: List-Ullstein [4]2012

Strigl 2016 = Daniela Strigl: *»Berühmt sein ist nichts.« Marie von Ebner-Eschenbach. Eine Biographie.* Salzburg, Wien: Residenz 2016

Tanzer 1997 = Ulrike Tanzer: *Frauenbilder im Werk Marie von Ebner-Eschenbachs.* Stuttgart: Heinz 1997 (= Stuttgarter Arbeiten zur Germanistik 344)

Tucholsky 1985 = Kurt Tucholsky: *Gesammelte Werke.* Bd. 9. 1931. Hrsg. von Mary Gerold-Tucholsky und Fritz J. Raddatz. Reinbek: Rowohlt 1985

Wagner 2006 = Karl Wagner: *Glanz und Elend der Biographik*. In: Bernhard Fetz, Hannes Schweiger: *Spiegel und Maske. Konstruktionen biographischer Wahrheit*. Wien: Zsolnay 2006 (= Profile 13), 49–60

Winkels 2006 = Hubert Winkels: *Emphatiker und Gnostiker. Über eine Spaltung im deutschen Literaturbetrieb – und wozu sie gut ist*. In: Die Zeit, 30.3.2006

Woolf 2011 = Virginia Woolf: *Die Kunst der Biographie*. Dt. von Hannelore Faden. In: Bernhard Fetz, Wilhelm Hemecker (Hg.): *Theorie der Biographie. Grundlagentexte und Kommentar*. Unter Mitarbeit von Georg Huemer und Katharina J. Schneider. Berlin, New York: de Gruyter 2011 (= De Gruyter Studium), 161–169

Wozonig 2010 = Karin S. Wozonig: *Beschauliche Erzählerin, Sozialrevolutionärin oder geniale Dichterin – Konstruktionen der Schriftstellerin Marie von Ebner-Eschenbach*. In: brücken. Germanistisches Jahrbuch. Neue Folge 18, H. 1/2 (2010), 61–71

Editorische Notiz

Die Vorlesung zum Thema Biographie geht zum Teil auf die *Prolegomena zu einer neuen Biographie Marie von Ebner-Eschenbachs* zurück, die Einleitung zu meiner im Juni 2017 an der Universität Wien eingereichten Habilitation, die wiederum in der Hauptsache aus der Biographie selbst besteht. Der Abschnitt zur Literaturkritik basiert teilweise auf meinem Aufsatz *Der Kritiker: Gatekeeper, Platzanweiser, Zirkulationsagent, Raumpfleger oder Verkehrspolizist? Über die Literatur als herrschaftsfreie Zone* in: Meri Disoski, Ursula Klingenböck, Stefan Krammer (Hg.): *(Ver)Führungen. Räume der Literaturvermittlung*. Innsbruck: StudienVerlag 2012. Die Glosse *Sind Literaturnobelpreisträger Idioten?* (Zeit Online, vom 25.10.2017) erschien nach meinen Vorlesungen und wurde nachträglich in die Publikation aufgenommen. Einige Überlegungen der Essay-Vorlesung finden sich bereits in meinem Essay *Der letzte Schrei* (Die Presse, Spectrum, vom 15.11.2014).

Ohne Klaus Kastbergers Initiative und nachdrückliche Ermunterung hätte ich mich auf dieses Abenteuer nicht eingelassen. Den Titel, und nicht nur ihn, verdanke ich Karin S. Wozonig.

Inhalt

Mit freundlicher Unterstützung von

literatur h aus graz

Umschlag: & Co www.und-co.at
Satz: AD
Druck: druck.at

ISBN 978-3-99059-012-6

Literaturverlag Droschl Stenggstraße 33 A-8043 Graz
www.droschl.com